LA
CONFESSION AURICULAIRE

PAR

PIERRE DES PILLIERS

Ancien prêtre et vicaire de Clairvaux (Jura), jadis [bénédictin
de Solesmes (Sarthe)
fondateur et premier supérieur
de l'abbaye d'Acey (Jura)

LONS-LE-SAUNIER

IMPRIMERIE ET LITHOGR. CONSTANT VERPILLAT

—

3 JUIN 1885

PRÉFACE

Bon nombre de lecteurs de mes divers écrits, dont les titres figurent au verso de la couverture du présent opuscule, ayant, non seulement témoigné leur satisfaction pour la façon dont j'ai traité jusqu'ici plusieurs questions politico-religieuses dans le sens anticlérical, mais, de plus, m'ayant vivement sollicité de traiter aussi la très-importante question sociale dite : la *Confession auriculaire*, attendu qu'ils me tiennent pour compétent en pareille matière, après plus de vingt. années d'exercice, il m'a semblé que je ne pouvais décemment me soustraire à la réalisation de ce désir à la fois si flatteur et si pressant.

J'ai donc mis résolument la main à l'œuvre, et je viens de terminer ce consciencieux travail. Je le livre avec confiance à l'appréciation du public sérieux ne recherchant jamais, dans un écrit, que la pure et stricte vérité.

Si j'ai le bonheur de le satisfaire une fois de plus, je me sentirai, par ce nouvel accueil favorable, encouragé grandement à poursuivre avec ardeur ma .lutte anticléricale, en faisant paraître encore un certain nombre d'autres petits traités, bien propres à dessiller les yeux de tous les lecteurs sincères.

Il est facile à ces derniers de fermer la bouche aux cléricaux, furieux contre mes publications, en leur tenant ce langage expressif de l'apôtre saint Paul : (Epître II Cor. XIII, 8) : « *Nous ne pouvons rien contre la vérité.* » Le pape et son millier d'évêques, leur demi-million de prêtres et de moines, renforcés de tous les cléricaux du monde entier, ne pèsent pas, à mes yeux, un milligramme en face de la Vérité qui les condamne.

Ainsi, lecteurs de bonne foi, votre rôle est d'apprécier consciencieusement si je suis dans le vrai, si je suis réellement animé de l'esprit du Christ ou de l'Evangile. En ce cas, votre devoir est tout tracé : quitter la *fausse* Eglise, opposée à la Vérité comme au Christianisme. Au cas où, tout au contraire, après lecture assidue et faite *avec réflexion*, vous me croirez dans l'erreur au sujet de la *Confession auriculaire*, ayez la charité de me le montrer péremptoirement, pour que je puisse alors rentrer avec *connaissance de cause*, ou *conscience*, au giron de la *véritable Eglise.*

Oui, je le déclare ici très-nettement : je n'ai d'autre parti-pris que celui de la Vérité dont Jésus nous dit, en saint Jean (VIII, 32) « *qu'elle* « *nous délivre. Veritas liberabit vos.* »

Voulant mettre, avant tout, de la logique et de la clarté dans ce petit travail, d'un intérêt des plus graves pour la société, pour notre patrie en particulier, je le divise en quatre parties ou conférences spéciales.

1· Je montrerai que la *Confession auriculaire* est *antichrétienne.*

2· J'établirai qu'elle est même *anticatholique.*

3· Je la ferai voir profondément *immorale.*

4· Je l'exposerai comme *antisociale.*

Il n'est pas, je l'espère, un seul lecteur sérieux qui ne puisse aisément se convaincre, en me lisant, que mes preuves sont *invincibles* ou *sans réplique.*

Et, cependant, s'il pouvait se rencontrer des contradicteurs de bonne foi qui crussent m'opposer des démentis quelque peu fondés en raison, je prends l'engagement public d'en tenir compte en la plus prochaine édition du présent opuscule, et d'y répondre avec franchise ou de me rendre à la vérité si, par impossible, on est parvenu, je le répète, à me prouver que je m'en suis écarté d'un iota.

Mirecourt (Vosges) le 15 avril 1885.

PIERRE DES PILLIERS, *propriétaire*

à Grandfontaine, par St-Witt (Doubs).

PREMIÈRE CONFÉRENCE

LA CONFESSION AURICULAIRE EST ANTICHRÉTIENNE

Si la Confession auriculaire était *chrétienne*, ou, ce qui revient au même, une véritable *institution du Christ*, elle aurait d'abord son fondement dans l'Evangile, et, de plus, elle serait *nécessaire*, ou, tout au moins, *très-profitable à la foi*. Mais comme, au contraire, on ne voit nullement sa base en l'Evangile, et que, d'autre part, elle est *fort nuisible à la foi*, je puis conclure avec rigueur qu'elle est *antichrétienne*. Or, je vais prouver mes deux assertions en deux points différents.

PREMIER POINT

La Confession auriculaire n'a point sa base en l'Evangile

En effet, si l'Evangile était son fondement, elle y serait mentionnée avec précision et clarté, mais non d'une manière obscure ou vague, et prêtant à toutes les ambiguïtés possibles. Eh bien, rien de précis et de clair, au sujet de ladite Confession, dans l'Evangile ainsi que dans l'Ancien-Testament.

Saint Thomas d'Aquin, le plus grand, le plus fameux théologien de la papauté, par elle appelé pompeusement « l'*Ange de l'Ecole,* » avoue en sa *Somme* (Théol. suppl. Art. 6, all. 2) que « l'on ne ren-
« contre pas dans les Saintes-Ecritures la *Confession*
« *auriculaire.* » Quel coup de massue au front des

audacieux apologistes de ladite Confession, que
cette déclaration de l'«Ange de l'Ecole ! »

Or, imaginerait-on ce que le cardinal Bellarmin,
jésuite, effrayé d'un aveu pareil, a découvert
jusque dans le paradis terrestre ? Eh bien, ce sont
des *confessionnaux*, où nos premiers parents allèrent
humblement *confesser leurs péchés de désobéissance*
et en *recevoir l'absolution*. Quand on est jésuite, on
se croit le droit de modifier le texte de l'Ecriture
en nous montrant Adam et Eve *accusant* leur faute,
au lieu qu'elle nous les montre *s'excusant*, le premier sur sa femme, et celle-ci sur le serpent ! Puis,
d'après l'Ecriture, ils sont *condamnés* et *chassés* de
l'Eden, au lieu d'être *absous, pardonnés* et *réintégrés*
dans le paradis !

O jésuitique escobarderie ! Où cependant tu peux
en venir pour établir le système odieux du pape, à
l'ombre duquel tu veux dominer le monde !

Le même cardinal jésuite a découvert une autre
preuve de la *Confession* dans l'obstination que
mit Caïn à *nier* effrontément son crime à Dieu,
l'interrogeant sur la mort de son frère Abel. Voilà,
certes, un bel exemple, à la fois, de *Confession
auriculaire* et de sincérité !

Ledit Bellarmin a trouvé, de plus, la *Confession*
dans les chapitres V du *Lévitique* et des *Nombres*,
ainsi que dans les divers endroits du *Pentateuque*
où la lèpre est mentionnée.

Et, maintenant, je mets l'escobarderie *universelle*,
ou *Catholique*, à la remorque, aujourd'hui, du jésuite
Bellarmin faisant autorité dans l'Eglise, au défi de
trouver, dans le paradis terrestre et dans tout le
culte hébraïque, ombre de *confessionnaux* où pé-

nitentes et pénitents allassent s'agenouiller, comme ombre aussi de prêtres recevant *les aveux circonstanciés* des fidèles et les en *absolvant* de par délégation de l'autorité divine. D'ailleurs, qui dit trop ne dit rien.

En effet, si les fantasmagories jésuitiques d'un Bellarmin avaient quelque valeur, il en résulterait, que, loin d'être une institution *simplement chrétienne,* ainsi que le prétend la papauté, suivie en cela par tout le corps épiscopal, sacerdotal, monacal et clérical, la *Confession auriculaire* aurait été même une institution *primordiale, anté-diluvienne, hébraïque,* etc., et que ne saurait revendiquer le Christianisme lui-même.

Or si, laissant là le Vieux-Testament, où l'on ne saurait rien découvrir qui touche à la *Confession,* nous abordons le Nouveau, qu'y lisons-nous de plus fort à ce sujet, au dire des papistes ? Voyons et pesons :

Dans saint Mathieu (III, 6) à l'occasion des habitants de Jérusalem, de toute la Judée et des environs du Jourdain venant à Jean-Baptiste, il est dit : « *Et ils* « *étaient baptisés par lui dans le Jourdain, confessant* « *leurs péchés.* » Si, de ces trois derniers mots : « *confessant leurs péchés* », les ergoteurs cléricaux veulent faire dériver la *Confession auriculaire,* il en résultera les absurdités suivantes, d'ailleurs contraires à leur propre enseignement, savoir :

1º Que la *Confession* doit être *publique* et non *secrète, auriculaire ;*

2º Qu'elle ne doit pas être *faite au prêtre,* Jean-Baptiste ne l'étant pas;

3º Qu'on ne doit la faire également *qu'avant le baptême ;*

4° Qu'elle est une institution de *Jean-Baptiste et non du Christ ;*

5° Que le concile de Trente a dit là-dessus deux faussetés manifestes, savoir : d'abord qu'il l'institua seulement *après la résurrection,* puis, qu'il l'institua pour les *seuls péchés commis après le baptême.*

Il est de notoriété que l'Eglise papale enseigne absolument l'opposé des cinq conclusions que je viens de tirer. Par conséquent, ses théologiens ne peuvent s'appuyer sur ce texte afin d'en légitimer la *Confession auriculaire.* Ainsi je passe à cet autre :

Ayant ressucité Lazare, Jésus dit aux juifs présents : « *Déliez-le et le laissez aller.* »

Donc, conclut triomphalement le papisme, il appartient aux prêtres de *délier* ceux qui ressuscitent par la grâce de Dieu. Cette conclusion est absurde. Il est au contraire évident, d'après ce fait, que, pour *délier* les amis ressuscités de Jésus, ou les pécheurs rentrés en grâce avec Dieu par le repentir, il n'est pas besoin de *prêtres,* vu que les Juifs déliant Lazare étaient loin d'être prêtres. Jésus s'adresse aux Juifs, et non point à ses disciples, pour qu'ils *délient* son ami ressuscité; donc l'exemple allégué ne prouve rien en faveur des *prêtres* ni de la *Confession.*

Mais le texte assurément le plus plausible au premier abord, bien qu'au fond il ne soit pas sérieux, en faveur de la *Confession auriculaire,* est celui-ci de saint Mathieu (XVI, 19) : « *Et je te donnerai les clefs* « *du royaume des cieux, et tout ce que tu délieras sur* « *la terre sera délié dans les cieux.* »

L'Eglise papale affirmant que ces paroles tirent

leur force probante de leur rapprochement des
versets 21, 22 et 23 du ch. XX de saint Jean, je dois
les citer également :

« *Jésus leur dit encore: La paix soit avec vous.*
« *Comme mon Père m'a envoyé, je vous envoie aussi*
« *de même. Et quand il eut dit cela, il souffla sur*
« *eux et leur dit : Recevez le Saint-Esprit. Ceux à qui*
« *vous pardonnerez les péchés, ils leur seront par-*
« *donnés, et ceux à qui vous les retiendrez, ils leur*
« *seront retenus.* »

Pour savoir si des textes pareils favorisent la prétention papale en faveur du prêtre, en tant qu'ayant
seul le pouvoir de *lier* et de *délier*, de *pardonner*
et de *retenir* les péchés, puis, cela, par la *Confession auriculaire*, il importe avant tout de bien
connaître à qui Jésus adressa les paroles contenues
dans ces versets. Or ce fut, d'après le texte évan-
gélique, à *tous ses disciples*, et non point seulement à Pierre ainsi qu'aux autres apôtres. Donc, le
jour de sa résurrection, *tous les disciples de Jésus*,
hommes et femmes présents à ces paroles, reçurent à titre égal le pouvoir de remettre et de retenir les péchés, mais, certes, non point par la *Confession*, comme je l'établirai bientôt.

Saint Luc (XXIV, 33), dit expressément que les disciples étaient avec les apôtres, ce premier soir de
la résurrection, et le livre des *Actes* (I, 15) nous
montre aussi les « *disciples assemblés jusqu'au nombre*
« *de cent vingt environ, y compris les femmes* ».

Mais quand Jésus parle pour les disciples en général, cela s'entend de ses disciples de tous les lieux
et de tous les temps, à moins que, dans son langage,
il ne se trouve une circonstance en restreignant le

sens aux *seuls apôtres ou disciples présents*. Or, ce n'était point ici le cas ; cela saute aux yeux. Donc les disciples de Jésus, de tous les lieux, de tous les temps, ceux d'aujourd'hui comme ceux d'il y a dix-huit siècles, ont reçu le pouvoir de *remettre* et de *retenir* les péchés.

Mais quels sont les *vrais disciples* de Jésus ? Ce n'est à personne, et pas plus à l'Eglise, assurément, qu'à n'importe qui, de nous le dire, attendu que le Christ seul les connaît, suivant son langage en saint Jean (X,14): « *Pour moi, je suis le bon Pasteur, je con-* « *nais mes brebis et mes brebis me connaissent.* » Or, ces *vrais disciples* de Jésus, ceux auxquels il a donné le pouvoir de *lier* et de *délier*, etc.., sont-ils donc les évêques et les prêtres, en vertu d'un pouvoir ma-gique obtenu par la consécration épiscopale, l'ordination sacerdotale, ou la volonté tout arbi-traire et bizarre des prétendus chefs de diocèses, limitant à leur gré la juridiction de leurs subalter-nes ? Rien de tout cela dans l'Evangile. Au contraire, un *vrai disciple* de Jésus se trouvera *rarement* chez les prêtres de l'Eglise papale, et *presque jamais* parmi les évêques. Jugeons-en par les paroles mê-mes du Christ et non par les miennes. En saint Jean (VIII, 31), Jésus dit : « *Si vous persistez dans ma doc-* « *trine, alors vous serez véritablement mes disciples.* » Eh bien, l'Eglise papale a-t-elle, oui ou non, *persisté dans la doctrine* du Christ ? Non, mille fois non. Elle n'a fait que *l'altérer* de siècle en siècle, au point de la rendre méconnaissable et de la faire, hélas ! maudire en tous lieux par bon nombre de cœurs droits qui, malheureusement, confondent le sublime et divin *Christianisme* avec le satanique ultramontanisme ou le dégradant *cléricalisme.* Ainsi donc les évêques et les prêtres, qui *n'ont point persisté* dans la doctrine de Jésus et l'ont foulée aux pieds, n'ont aucunement le pouvoir de *lier et de délier, de pardonner et de retenir* les péchés.

Mais en quoi les *vrais disciples* de Jésus, persévérant dans sa doctrine, ont-ils le pouvoir de *lier* et de *délier*, etc?

Jésus-Christ l'enseigne expressément au verset suivant de saint Jean (VIII, 32) en disant : « *La Vérité* « *vous affranchira* », c'est-à-dire *vous déliera.* C'est en prêchant constamment la vérité, de bouche et par des écrits, en enseignant la pure doctrine du Christ, la *seule parole* de Dieu, que l'Eglise papale interdit précisément à ses aveugles adhérents, oui, c'est ainsi seulement qu'un *vrai disciple* de Jésus, et non point un *prêtre*, un *évêque*, un *cardinal*, un *pape* de la fausse Eglise, a le pouvoir de *délier* et *délie* en effet les âmes empêtrées dans les liens du mensonge et de l'erreur.

L'apôtre Pierre use de cette clef divine en ouvrant le *royaume des cieux*, ou le *règne de la Vérité*, le jour de la première pentecôte chrétienne, à trois mille personnes que, par la prédication de l'Evangile, et nullement par la *confession auriculaire*, il délia de leurs erreurs. Tout au contraire, il laissa liés dans les ténèbres et le péché « *ceux qui ne reçurent pas de bon cœur sa parole* » libératrice. (*Actes* II, 41.)

Que la secte ultramontaine indique ici la moindre trace de *Confession auriculaire* ! Impossible absolument. Les trois mille auditeurs, changés à la voix de Pierre, ont été *déliés* et *pardonnés* subitement par l'amoureuse acceptation de la Vérité, qui porte irrésistiblement l'âme au regret de ses erreurs et de ses fautes, comme à l'amélioration de ses mœurs.

Ecoutons ce que dit le même apôtre à tous les *vrais chrétiens* ou disciples du Christ (1 Ep. II, 9 et 10) : « *Vous êtes sacrificateurs et rois, la nation sainte, le « peuple acquis, afin que vous annonciez les vertus de « CELUI qui vous a appelés des ténèbres à sa divine « lumière, vous qui jadis n'étiez point son peuple, « mais qui, maintenant, êtes le peuple de Dieu ; « vous qui jadis n'aviez point obtenu miséricorde, « mais qui l'avez obtenue.* »

N'oublions pas que ces paroles sont de l'apôtre Pierre, auquel les papes attribuent l'infaillibilité pour en jouir eux-mêmes en qualité de ses prétendus successeurs. Or, d'après ce premier infaillible, il appert que les *pardonnés*, les *convertis*, ou, mieux, les *disciples de Jésus*, sont devenus la *nation sainte* et des *sacrifiateurs* ; conséquemment des *prêtres*. Mais de quelle façon ? Ce n'est point pour s'être confessés; c'est uniquement pour avoir été, dit-il, « *appelés des ténèbres à sa divine lumière.* » Est-ce clair ? Mais quel sera l'emploi de ces nouveaux *sacrificateurs* ? Serait-il d'entendre les *confessions* de ceux qui ne sont pas encore les disciples du Christ comme n'étant, ni *convertis*, ni *pardonnés* ? Oh ! certes non. Au lieu de l'emploi grotesque, immoral et pervers du confesseur, leur fonction sublime est « *d'annoncer les vertus de CELUI qui les a, par « sa grâce, appelés des ténèbres à sa divine lumière.* » Et, c'est bien à moi-même, écrivant ces choses, ainsi qu'à vous qui les lisez parce que vous aimez le juste et le vrai par dessus tout, que conviennent ces paroles de l'apôtre Pierre. En effet, quand nous étions, vous et moi, *mais moi beaucoup plus que vous*, sous le joug des erreurs et des mensonges cléricaux, nous n'étions point le peuple du Dieu bon, juste et véridique; or, nous le sommes maintenant, puisque nous aimons la vérité, la justice et la fraternité. Nous n'avions pas obtenu miséricorde et restions encore esclaves des ténèbres. Aujourd'hui, nous aimons la lumière et nous la recevons avec joie, avec gratitude, avec bonheur. Nous avons donc *obtenu miséricorde.* Ainsi nous sommes *pardonnés*, ce que ne saurait faire aucunement le magicien ou noir, ou violet, ou rouge, ou blanc, *avec* ou *sans capuce*, osant nous dire, en latin: « *Je t'absous* ! »

Maintenant donc que nous sommes convertis à la *Vérité* qui n'est que *Dieu lui-même*, à cette Vérité dont l'essence est de nous rendre absolument *libres*, par conséquent de nous *délier*, nous voilà devenus de *vrais sacrificateurs.* Quelle doit donc être, à nous tous, notre fonction sublime, à dater de ce moment ? L'apôtre Pierre nous l'a tracée en ces paroles : « *Annoncez les vertus de Celui qui* « *nous a gratuitement appelés des ténèbres à sa divine* « *lumière.* » Et dans quel but annoncerons-nous les vertus de Dieu ? D'abord, pour le remercier et lui rendre gloire; ensuite, afin de nous animer tous à l'imiter, à lui ressembler, c'est-à-dire à réaliser en nous ces admirables vertus de Dieu, notre Archétype et commun Père. En agissant ainsi, nous nous attacherons à *Lui* de tout notre cœur; nous montrerons que nous ne sommes plus sous le joug de son ennemie acharnée, usurpant sa place et voulant régner en son lieu ; sous le joug de l'Eglise papale érigeant l'erreur en système odieux depuis plus de quinze siècles et demi, c'est-à-dire, à dater de l'an 325 que se tint le premier concile de Nicée, où fut fabriqué le dogme insensé de la divinité d'un homme, et dans lequel cette Eglise apostate osa décréter indirectement sa propre infaillibilité. Mais, ce premier devoir d'aimer Dieu de tout notre cœur, de toute notre âme et de toutes nos forces, une fois rempli, nous observerons avec élan le second, semblable au premier : « *d'aimer notre prochain « comme nous-mêmes,* » et, par l'accomplissement de ces deux préceptes, nous aurons accompli *toute la loi*, nous assure le Christ.

D'ailleurs, rappelons-nous ce que Jésus dit un jour à Pierre : « *Et tu aliquando conversus, con-« firma fratres tuos. Une fois bien converti, « raffermis tes frères.* » Etre *converti*, c'est posséder la Vérité, c'est l'aimer, c'est déplorer ses égarements passés. Puis, le devoir du *converti*, c'est de raffermir ses frères, que sa chute avait contristés, scandalisés, ébranlés, affaiblis dans le bien, portés au mal.

Vous le voyez : jamais il n'est dit, dans l'Evangile, un seul mot de la *Confession* pour *lier* ou *délier*. Le mensonge et l'erreur *lient* les âmes : la Vérité seule est appelée à les *délier*. « *La Vérité « vous délivrera,* » dit le Christ en saint Jean (VIII, 32) ; mais nous *délivrera* de quoi ? de nos *liens*, naturellement ; donc elle nous *déliera*.

Jésus, envoyant ses disciples à tous les pays de l'univers, ne leur dit pas : Allez, confessez tous les croyants, hommes et femmes, pères et mères, frères et sœurs, garçons et filles, etc. Pas un mot de *Confession auriculaire*. Il leur dit : « *Allez, enseignez toutes les nations. Vous êtes le sel de la terre. Vous êtes la lumière du monde.* » Or, d'après Jésus lui-même, on met la lumière en *un lieu élevé,* pour qu'elle éclaire, et *non point sous un boisseau.*

Voilà comment nous tous, disciples de Jésus et de la Vérité, nous devons, par nos enseignements calqués sur les siens, contribuer tous à *délier* les âmes du peuple, encore aujourd'hui *liées* par les doctrines de mensonge et d'oppression que l'Eglise apostate a partout infiltrées.

En *déliant* les âmes droites, qui seront heureuses d'accepter la vérité sortant de notre bouche ou brillant dans nos écrits, il nous arrivera sans doute aussi de *lier* plus fortement les âmes manquant de sincérité, qui ferment opiniâtrément leurs yeux à la lumière et s'endurcissent dans l'erreur, vu qu'elles se complaisent dans les ténèbres de Rome.

Autre part, (saint Jean, XV, 7 et 8) Jésus nous dit : « *Si vous demeurez en moi et que mes paroles demeurent en vous, vous serez mes disciples.* » Puis (XIII, 35) : « *C'est à cela que tous vous reconnaîtront pour mes disciples, si vous vous aimez les uns les autres.* » Enfin, en saint Luc (XIV, 27) : « *Quiconque ne porte pas sa croix et ne me suit point, ne peut être mon disciple.* »

Ainsi donc, 1° *avoir la doctrine du Christ*, et non l'enseignement tout opposé de l'Eglise papale ; 2° *avoir une ardente charité pour tous les hommes et les tenir pour égaux et frères*, au lieu de chercher à les dominer ; 3° *se résigner aux épreuves de la vie et suivre en tout Jésus* ; telles sont les conditions formant le disciple du Christ, le *vrai chrétien liant ou déliant, retenant* ou *remettant* les péchés, suivant que les âmes sont *rebelles* ou *fidèles à la Vérité.*

De plus, si la *Confession auriculaire* était *nécessaire à la rémission des péchés commis après le baptême,* elle serait mentionnée avec clarté dans l'Evangile, et, surtout, dans les textes concernant ladite rémission. Eh bien, dans les quatre évangélistes, ainsi que dans les *Actes* des apôtres, les *Epitres* de saint Paul, de saint Pierre, etc., il n'est trace en rien ni de *confessionnaux* où siègent les prêtres, ni de fidèles allant *s'y mettre à genoux pour déclarer leurs péchés* afin d'en *recevoir l'absolution.*

L'apôtre Paul, dans ses *Epitres* à Timothée et à Tite, a soin de décrire au long tous les devoirs des évêques et des prêtres. Or, il tait absolument celui *d'écouter la confession* des fidèles et de les *absoudre ensuite.*

De nombreux textes du Nouveau-Testament signalent les devoirs des fidèles ; mais pas un seul ne mentionne celui de *révéler leurs péchés au prêtre,* afin d'en être pardonnés.

L'apôtre Jacques (V, 6.) parle expressément de *l'aveu mutuel* que nous devons nous faire, en toute réciprocité, *les uns aux autres,* des torts que nous avons eus ; mais il ne dit mot d'une *confession* à faire à un *prêtre* qne nous n'aurions pas offensé personnellement lui-même. Il dit à tous les chrétiens : *Confessez-vous les uns aux autres.* »

Si Nicolas offense Jules, ce n'est point à Joseph, non plus qu'à François, également impuissants à lui pardonner, qu'il doit avouer sa faute ; il est tenu d'exprimer à Jules ses regrets de l'avoir offensé. *Jules seul* peut remettre à *Nicolas* l'offense reçue de lui. Tel est le sens évident du texte de l'apôtre Jacques.

Quelle fut, d'ailleurs, la conduite de Jésus et des apôtres ? Jésus remit leurs péchés à nombre de personnes *sans exiger leur confession* préalable à lui-même, et pas davantage à ses apôtres.

Le paralytique (saint Marc, II, 5) la femme pécheresse (Luc, VII, 48-50) Zachée (Luc, XIX, 9) l'apôtre Pierre (Luc, XXII, 61) Saul persécuteur (Actes, IX) obtiennent leur pardon complet *sans se confesser à n'importe quel homme*. Ils avaient offensé Dieu ; mais le repentir et l'amour suffisent au Père de l'humanité pour accorder le pardon à des enfants égarés revenant à *Lui* de tout leur cœur.

Le publicain ne se confesse à nul prêtre ; il se frappe la poitrine et s'écrie (Luc, XVIII, 13) : « *O Dieu ! prends pitié de moi qui suis pêcheur* ! » Le publicain fut *justifié* par son repentir accompagné d'amour de Dieu.

L'enfant prodigue, éclairé sur ses égarements et les déplorant, ne va point se jeter aux pieds d'un *prêtre*, homme étranger auquel il n'a point à faire ; il court aux pieds de *son père offensé, méconnu* ; puis il lui dit (Luc, XV, 18-19), : « *Mon père, j'ai péché contre le ciel et contre toi, je ne suis plus digne d'être appelé ton fils.* » Le père ému le couvre de baisers, lui pardonne et fait un grand festin pour se réjouir, avec ses amis, d'avoir recouvré le cœur de son fils, désormais pardonné.

La parabole de la brebis égarée est donnée par le Christ comme figurant le retour du pécheur à Dieu, mais non point à l'homme.

Jésus nous apprend à dire à notre Père céleste :
« *Pardonnez-nous nos péchés comme nous pardon-*
« *nons à ceux qui nous ont offensés.*» (Mathieu VI)
et (Luc XI). Il poursuit: « *Si vous pardonnez aux*
« *hommes leurs offenses, votre Père céleste vous par-*
« *donnera aussi les vôtres.* » Le Christ n'ajoute pas :
à condition cependant que vous les confessiez à
quelque prêtre.

Ainsi donc, il est clair que le Christ n'a pas établit la *Confession* comme une condition de rentrée
en grâce avec Dieu.

Jésus, avant de quitter la terre, entretient ses
apôtres de la rémission des péchés qui se ferait par
la prédication en son nom ; mais il ne dit pas un
mot de la *Confession auriculaire.*

veut (Luc XXIV, 47), que « *l'on prêche en*
« *son nom la repentance et la rémission des péchés*»,
cette rémission étant le fruit de la repentance. Or,
il ne dit pas de se *confesser.* Dans l'Apocalypse (II
et III), il instruit les sept pasteurs de la façon d'obtenir la *rémission des péchés*; et c'est par le *seul*
repentir.

L'apôtre Pierre (Actes X,43), dit de Jésus : « *Tous*
« *les prophètes rendent de Lui ce témoignage que*
« *quiconque croira en Lui recevra la rémission de*
« *ses péchés par son nom.* »

L'apôtre Paul, à Antioche (Actes XIII, 48) dit :
« *Sachez donc, mes frères, que c'est par Lui (J.-C.)*
« *que la rémisson des péchés vous est annoncée.* »

Eh bien, croire en Jésus, c'est *adhérer à sa doctrine*
et suivre en tout ses préceptes. Mais quiconque agit
de la sorte obtient aussitôt la rémission de ses
péchés. »

‹ A quoi bon .alléguer d'autres textes ? Les précédents sont accablants contre la *Confession auriculaire.* Il est avéré, par tout ce que nous venons de voir, qu'elle est une invention papale *antichrétienne,* et condamnée expressément par le silence éloquent de l'Evangile. Or, je vais maintenant établir qu'elle nuit à la foi.

SECOND POINT

La Confession auriculaire est nuisible à la Foi

Il devrait bien suffire à des chrétiens éclairés de savoir que la *Confession* n'a point sa base en l'Evangile, et n'est pas une institution du Christ, pour la leur faire aussitôt rejeter.

Mais il est des esprits timorés, enclins à s'imaginer que l'Eglise a, du moins, trouvé dans la *Confession auriculaire* un appui solide à la foi ; que, par conséquent, il faut la conserver à tout prix. C'est à détromper ces naïfs que je vais consacrer le dernier point de la présente conférence. Ainsi donc, je dis formellement que la *Confession auriculaire* est nuisible à la foi comme à la piété.

Quelle est, au point de vue du salut, la doctrine de l'Evangile ?

C'est que ce salut, ou l'amitié de Dieu, nous vient par la *foi seule en Jésus-Christ,* et non par *un mérite de nos œuvres.* Mais, en attribuant la force sacramentelle, ou la rémission des péchés, aux actes du pénitent, au lieu de les attribuer à *la foi seule en Jésus-Christ,* la *Confession* détruit cet enseignement fondamental de l'Evangile ou de la foi chrétienne.

En effet, si nous pouvons nous racheter par la *Confession*, nous anéantissons la rédemption par le Christ. Le confessé croit qu'il a payé son pardon en accomplissant la pénitence illusoirement satisfactoire, imposée à lui par le confesseur. Mais, se tenant alors quitte envers Dieu, rien ne l'empêchera de pécher encore. Il marmottera de nouveau ses péchés en confession, la prière imposée en guise de pénitence ou satisfaction sacramentelle, et continuera toujours sa même vie de pécheur, sans s'inquiéter de pleurer ses péchés par amour pour le Dieu qu'il n'a pas craint de braver dans ses lois, et qui, plein de bonté, voudrait pouvoir lui pardonner.

Dans le système papal, que peut-il redevoir à ce Dieu, vrai marchand de pardons? Ne l'a-t-il point payé, tant par l'aveu de ses péchés que par l'accomplissement de la satisfaction prescrite ? Il se dit que, si l'on achète une marchandise et qu'on la paie au prix convenu, l'on ne doit plus rien au négociant qui l'a vendue. Il en conclut que le pécheur, absous par le prêtre et faisant exactement sa pénitence, est quitte envers Dieu. Mais si notre ami nous rend un service gratuit, nous sauve d'un grand péril, nous croirons-nous jamais quittes à son égard? Ne lui vouerons-nous pas une reconnaissance à jamais, que nous perpétuerons même au-delà de la tombe, en l'inspirant à nos enfants auxquels nous apprendrons à vénérer, jusque dans sa postérité, la mémoire et le nom de celui qui fut leur bienfaiteur dans la personne de leur père ?

Mais si, comme l'enfant prodigue, — et tel est bien

le cas du pécheur,— c'est notre père même, offensé
cruellement, qui nous a néanmoins accordé son
pardon gratuit, alors, si nous ne sommes point des
fils dénaturés, nous croirons-nous quittés envers
lui moyennant un seul acte insignifiant de défé-
rence ou de regret ? Ne mettrons-nous pas au contraire, à la disposition de ce père si bon, si
miséricordieux, notre vie entière et tout notre
cœur pour l'entourer d'autant d'affection et d'égards,
à l'avenir, que nous en avions manqué dans le
passé ? Qui peut ne pas répondre affirmativement ?

Ces comparaisons établissent la différence infinie
existant, de fait, entre la *Confession auriculaire*,
inventée par les papes pour la prétendue rémission
des péchés, mais qui ne sert qu'à leur espionnage
et à leur domination, et le pardon gratuit obtenu
par un repentir sincère et par l'ardent amour de la
Vérité que le Christ nous enseigne en l'Evangile.

Le mode absolument mercantile du pape endort
le pécheur dans ses fautes et ses vices, sans effacer
les premières ni corriger les seconds. Le malheureux n'est, *ni pardonné, ni changé.*

Le mode à la fois sublime et naturel du Christ
change à fond le cœur de l'homme. Il fait du pécheur,
ému jusqu'aux entrailles, un apôtre ardent de
« *la Vérité qui délie.* » Une fois *converti*, comme
Pierre le renégat, son bonheur est *d'affermir ses
frères* en les délivrant d'abord du mensonge et du
péché dans lesquels les retenait liés l'Eglise papale.

Avez-vous jamais réfléchi sérieusement à cette
autre invention des prétendus *mérites surérogatoires
des Saints* de l'Eglise dévoyée, d'où elle fit découler
le fameux *Trésor des Indulgences* dont elle avait la

clef aux mains de son chef? Ah! oui, c'est un *trésor;* mais un *trésor antichrétien, impie, inique, immoral, infâme,* ainsi que je vais le montrer.

Antichrétien ; car, d'après l'Evangile, on ne saurait faire une *seule œuvre surérogatoire,* attendu que le serviteur le plus fidèle est tenu de dire, avec l'apôtre: « *Je suis un serviteur inutile et n'ai jamais « fait,* pour Dieu mon Maître et mon Père, *au-delà « de ce que je devais faire.* »

Impie, en ce que ce trésor met sur le même pied les mérites du SAINT par excellence, du JUSTE parfait, que l'Eglise papale a proclamé Dieu, du CHRIST, en un mot, et les horribles méfaits d'un Dominique, inquisiteur et brûleur des disciples de ce même Christ, ainsi que les forfaits de tant d'autres égorgeurs de chrétiens, fanatiques insensés et cruels que, sans pudeur et sans honte, a canonisés la papauté se moquant du Christ.

Inique est ce trésor, vu les sommes fabuleuses qui sont venues s'accumuler en faveur d'un clergé rapace, abusant sacrilègement de la crédulité de fidèles ignorants, aveuglés par lui-même.

Immoral est-il aussi ; car les débauchés peuvent continuer leur vie honteuse et dépravée, en recourant aux indulgences gagnées par la récitation d'un *Ave Maria,* d'un *Miserere,* des Psaumes pénitentiaux, par la visite d'une église, ou par un pèlerinage, ou toute autre superstition.

Infame est enfin ce trésor, à cause de cette révoltante simonie au moyen de laquelle la papauté sut toujours vendre *à prix d'argent* ses prétendues faveurs spirituelles, qui ne furent et ne sont encore aujourd'hui, généralement, que de véritables leurres.

Une preuve de fait, que la *Confession auriculaire* est *plus nuisible*, à tous égards, qu'*utile* à la foi comme à la piété, c'est qu'en pays mixte, où les fidèles du pape vivent mélangés avec ceux de l'Evangile ou du Christ, les premiers m'ont sans peine avoué que les seconds sont plus religieux et plus pieux qu'eux-mêmes, *bien*, ajoutaient-ils naïvement, *que ce soient des hérétiques*. Ils reconnaissent que l'on rencontre aussi plus de charité dans les discours, plus de loyauté dans les relations, plus de probité dans les affaires, plus de conscience en tout, chez ces prétendus sectateurs de l'hérésie, que chez ceux de la papauté.

Eh bien, ces disciples de l'Evangile, ainsi qualifiés d'*hérétiques* par ce qu'ils s'attachent au *Christ seul*, et non point à *celui qui viole audacieusement ses prescriptions, usurpe ses droits, enseigne une doctrine opposée à la sienne, impose à ses sectaires des pratiques ridicules et superstitieuses*, oui, ces disciples de l'Evangile, éclairés par la seule parole du Christ, *ne se confessent jamais à quelque prêtre*. Ont-ils offensé Dieu ? C'est à Lui seul qu'ils demandent pardon et promettent de s'amender avec son aide. Ont-ils offensé leur prochain ? Ils vont lui confesser leur tort, suivant le précepte du Christ : « *Confessez-« vous les uns aux autres.* » Ils ne s'appuient nullement sur la prétentieuse et dérisoire absolution d'un étranger qui n'a point à se mêler de leur intérieur. Pour se tranquilliser la conscience, ils vont directement à l'offensé lui faire un aveu de leur faute et se réconcilier avec lui par l'expression de leur regret.

Est-il, en réalité, moyen plus propre à créer, à

consolider l'union réciproque entre les hommes, que cet usage établi, recommandé si fort par le Christ, de demander pardon de ses propres torts à ceux que nous avons offensés? Ne nous a-t-il pas dit (Mathieu, V, 23-24): « *Si tu apportes ton offrande « à l'autel et que, là, tu te souviennes que ton frère a « quelque chose contre toi, laisse ton offrande devant « l'autel et va d'abord te réconcilier avec ton frère; « puis, viens et fais ton offrande.* »

Comme il connaissait à fond le cœur humain, ce Jésus dont le haut clergé de Rome a si misérablement dénaturé la doctrine auguste et salutaire! En effet, à moins d'être absolument *sans cœur* et *dénué d'humanité*, qui donc pourrait entretenir de la haine et du ressentiment contre un frère humilié devant lui, le suppliant au nom du Dieu miséricordieux, leur commun Père et Créateur, de tenir pour effacée une offense aussi profondément regrettée? Rappelez vos souvenirs : ils vous diront que beaucoup de réconciliations édifiantes et consolantes se sont opérées par la *Confession mutuelle* indiquée, ainsi qu'on vient de le voir, par le Christ lui-même, au lieu que vous n'en trouverez guère, assurément, qui soient le résultat de la *Confession auriculaire* imposée à ses sectateurs par le pape infidèle envers l'Evangile. Oui, la *Confession mutuelle* est bonne, excellente, utile et souvent nécessaire à la rémission de nos torts réciproques, et la *Confession auriculaire*, ou faite à l'oreille du prêtre, est mauvaise, antichrétienne, inutile à la réconciliation, soit avec Dieu, soit avec le prochain, et, de plus, elle est *nuisible à la foi*, qu'elle contredit formellement, comme *à la piété*, qu'elle ridiculise et fait bafouer.

Est-il un fait plus constant, plus universellement reconnu, que les personnes, surtout les femmes, hantant fréquemment le confessionnal, se font remarquer spécialement par leur aptitude invétérée à déchirer la réputation de leur prochain par la médisance et souvent par la calomnie? Elles s'en vont puiser au confessionnal, ou du moins le surexciter de plus en plus, cet esprit de fanatisme et de dénigrement si contraire à l'esprit chrétien, essentiellement pénétré de justice et de charité. Pour moi, si je me trouve en certaines sociétés où l'on se permet de diffamer des absents, et que je prenne alors des informations sur les habitudes de ces personnes médisantes, neuf fois sur dix j'apprends que ce sont des habitués du *confessionnal*. Mais le Christ a dit que « *l'arbre se reconnaît à ses fruits.* » Or, si l'arbre de la *Confession auriculaire* a pour fruits la haine et le dénigrement, la médisance et la calomnie, est-ce que ce mauvais arbre est digne d'un autre sort que celui mentionné par le Christ, « *d'être* « *arraché, puis jeté au feu ?* » Donc il nous faut, si nous voulons demeurer, ou devenir les disciples du Christ, travailler à faire hâter le moment où les peuples, éclairés sur le vrai Christianisme, en viendront à faire un holocauste, un feu de joie autour duquel ils danseront en chœur, de *tous les confessionnaux*, ces boîtes à malice enfantant l'*hypocrisie et la haine*, au lieu de l'amour et de la sincérité.

Ce qui précède est suffisant à prouver que la *Confession auriculaire* est *antichrétienne*, en tant qu'*introuvable* en l'Evangile et *fort nuisible à la foi*. J'ai donc épuisé le sujet de ma première conférence, et je passe à la deuxième.

DEUXIÈME CONFÉRENCE

LA CONFESSION AURICULAIRE EST ANTICATHOLIQUE

L'Eglise ultramontaine, ou papale, a faussé le sens naturel de la plupart des termes relatifs au culte ainsi qu'à la religion. De la sorte, il arrive aux gens non suffisamment instruits sur ces sujets, bien qu'ils puissent l'être amplement sur d'autres, de confondre avec bonne foi, comme elle le fait elle-même avec ruse et dessein de tromper, les choses les plus distinctes, les plus disparates, les plus contradictoires même. Ainsi, pour ces ignorants, *Christianisme, Ultramontanisme, Eglise romaine* et *Cléricalisme,* ont une seule et même signification. Ces trois derniers termes soulignés sont *identiques,* il est vrai ; mais le premier leur est *diamétralement opposé,* comme je vais l'expliquer.

Le *Christianisme,* ou la doctrine de Jésus, est une source féconde de liberté, conséquemment de moralité. C'est une source aussi d'égalité, partant de justice. Enfin, c'est une source également de fraternité générale, et, par conséquent, de concorde entre les individus, les familles et les nations.

L'*Ultramontanisme,* ou l'*Eglise romaine,* autrement le *Cléricalisme,* est la doctrine du pape. Or, l'enseignement papal est l'antipode absolu de celui du Christ. C'est un principe évident de *servitude,* et par conséquent d'immoralité. C'est un principe *d'inégalité,* conséquemment d'injustice, ou de domination des uns sur les autres. C'est un principe *d'antifraternité,* partant d'universel antagonisme entre les classes, *divinement* établies, dit-il, *les unes pour com-*

mander, les autres pour obéir. De là le mépris outrageant des pauvres par les riches, des petits par les grands, des simples par les rusés, des soi-disant roturiers par les prétendus nobles ; puis, comme retour ou compensation, de là cette haine sourde et menaçante des déshérités contre les privilégiés.

Le *Christianisme* est par essence et sera toujours la source auguste, et vénérée à jamais, du bonheur individuel et social. Le *Cléricalisme* est essentiellement le principe radical du malheur des individus et des peuples réduits à subir son joug honteux.

En appelant donc *catholique* uniquement l'adhérent aux dogmes de l'Eglise, en particulier à celui de l'infaillibilité de son chef ; en traitant, par contre, ou d'*hérétique,* ou d'*apostat,* de *renégat,* d'*intrus,* le laïc ou le prêtre assez intelligent et consciencieux pour secouer le mensonge aujourd'hui plus de quinze fois séculaire (il date de l'an 325), de ce monstrueux système arrivé fatalement à son faîte impie au 18 juillet 1870, l'Eglise papale est consciente assurément, de sa propre fourberie. Elle sait fort bien que l'on ne doit pas décerner le titre de *catholique,* autrement dit *universel,* à celui qui se soumet *en aveugle* aux conséquences absurdes et immorales d'une théorie abominable enlevant sa conscience propre à chacun de ses sectateurs.

C« *ela seul est catholique,* au dire de saint Vincent-de-Lérins vivant au IVe siècle, » qui a été cru dans TOUS « LES TEMPS, *dans* TOUS LES LIEUX *et par* TOUS LES « CHRÉTIENS. » Les théologiens des siècles suivants jusqu'à nos jours (ceux de l'Eglise ultramontaine eux-mêmes le déclarent), donnent du mot *catholique* absolument la définition de saint Vincent-de-Lérins.

En conséquence, il est clair que *toute* institution, croyance ou dévotion que l'on ne peut trouver dans la primitive Eglise, et même au temps des apôtres, est nécessairement une institution, une croyance, une dévotion *anticatholique*.

Alors, poussée à bout par ce raisonnement, l'Eglise en est réduite à soutenir que *toutes* ses institutions, la *Confession auriculaire* en particulier, remontent, *en germe*, à la primitive Eglise et même à l'Eglise apostolique. Il me faut, ici, réduire à néant ses prétentions. Quant au Christ et aux apôtres, j'ai, dans ma première conférence, établi qu'ils n'ont jamais enseigné, ni pratiqué la *Confession auriculaire*. Il est donc superflu d'y revenir. Quant à la primitive Eglise, a-t-elle mieux connu la doctrine et l'usage de ladite Confession? Non, mille fois non. Je vais le démontrer, et par des preuves *négatives*, ou *le silence de la tradition*, et par des preuves *positives*, ou le *langage expressif des Pères de l'Eglise*. Ainsi, deux points dans la présente conférence.

PREMIER POINT

Silence de la tradition sur la Confession auriculaire.

Tandis que, dans toutes les *Vies* de saints canonisés après le IVe concile de Latran qui, l'an 1215, établit la *Confession auriculaire*, il est fait, par l'auteur de chacune de ces *Vies*, mention de l'usage fréquent de ladite confession pratiquée humblement par le saint, surtout à l'approche de la mort, lequel se confesse chaque jour et plusieurs fois même, avant cette date, au contraire, il n'est fait, dans *aucune Vie* de saint, la moindre mention de la *Confession auriculaire*. Est-il un silence plus éloquent? N'est-ce pas une preuve évidente à tous les yeux que ladite *Confession* était inconnue, et que personne alors ne la tenait pour un moyen d'obtenir la rémission de ses péchés? Je vais donner ici quelques exemples.

Saint Paul, premier ermite au IIIe siècle, est resté quatre-vingt-dix ans au désert sans y voir personne autre que saint Antoine, ermite également, qui le vint visiter au moment de sa mort et lui donner la sépulture. Ils étaient laïcs l'un et l'autre; à qui donc se sont-ils confessés?

Sainte Marie l'Egyptienne, fameuse pécheresse du Ve siècle, se rend au désert *sans se confesser*, et vit, là, de longues années, *absolument seule*. Son historien dit que Dieu lui députa le prêtre saint Zozime, afin de la communier au moment de la mort; mais il ne mentionne *aucune confession préalable*.

Dans sa *Vie* de saint Cyprien, évêque de Néocésarée, Grégoire de Nysse décrit les moindres actions de son collègue; or *il ne nomme même pas* la *Confession*.

Saint Grégoire de Naziance écrit les *Vies* des illustres et saints pontifes Athanase et Basile; or, dans ces biographies, il ne fait aucune mention de *Confession auriculaire* enseignée ou pratiquée par ces deux grandes lumières de l'Eglise orientale ou grecque-orthodoxe.

Saint Paulin, évêque de Nole, écrit la *Vie* de saint Ambroise, archevêque de Milan, son maître; or, nulle part il ne montre ce grand docteur de l'Eglise occidentale ou latine occupé, soit à *se confesser per-sonnellement*, soit à *confesser les autres.*

Sulpice Sévère écrit la *Vie* de saint Martin, évêque de Tours. Il s'est plu, dans cette *Vie*, à raconter avec détail les plus minimes particularités du fameux thaumaturge, de l'illustre prélat des Gaules. Mais, silence éloquent et significatif, il *ne dit pas un mot* de la *Confession auriculaire.*

Pallas et Théodoret écrivent la *Vie* du célèbre orateur saint Jean-Chrysostôme, surnommé *Bouche-d'or;* mais on y chercherait en vain le moindre indice de la *Confession auriculaire.*

Possidius écrit la *Vie* de l'immortel évêque d'Hyppone, le grand saint Augustin, l'une des gloires et des illustrations de l'Eglise d'Occident. Or, ce même saint qui, par comble d'humilité chrétienne, écrivit, pour le public de son temps et des siècles futurs, l'admirable livre de ses *Confessions,* n'a jamais usé de *Confession auriculaire,* ou prétendue *sacramentelle* et faite à *quelque prêtre.*

A l'instar de saint Cyprien, évêque de Carthage, Augustin meurt excommunié par le pape. Il ne s'est point *confessé* pour cela; puis, l'excommunication n'a nullement empêché que ces deux saints fussent canonisés.

Eusèbe, en ses nombreux et savants écrits, ne mentionne en aucun endroit la *Confession auriculaire.*

Saint Bernard, le très-illustre abbé de Clairvaux, dernier Père de l'Eglise latine et censeur intrépide et loyal de la papauté de son siècle, au point d'écrire au pape Eugène III : « *Ton siège est le domicile « des démons plutôt que le parc des brebis,* » meurt au milieu du XII⁰ siècle, en 1153. Or, il *ne se confesse à nul prêtre* au moment de la mort, pas plus qu'il ne l'avait fait durant sa vie.

Ainsi, la *Confession auriculaire*, inusitée, inconnue au sein de la primitive Eglise et jusque dans les premières années du XIII° siècle, attendu qu'elle fut instituée en 1215 par le plus grand dominateur clérical, le pape Innocent III, l'un des pontifes le plus contraires à l'esprit du Christ, comme à celui de l'apôtre Pierre *proscrivant tout dominateur* au sein du clergé, « *Neque dominantes in clero* », *la Confession auriculaire* est sans nul fondement dans la tradition, qui n'en laisse apercevoir aucune trace. Elle est donc une impure hérésie, une honteuse apostasie de l'Evangile et de la primitive Eglise. Elle est, par conséquent, *anticatholique* au premier chef. Son inventrice, l'Eglise papale, est donc elle-même *anticatholique*, autant qu'elle est *antichrétienne*.

Une allégation de l'Eglise *antichrétienne* et *anticatholique* a cherché, mais bien vainement, à contredire un peu ma thèse. Elle a réussi, tout au contraire, à la confirmer puissamment par la véridique exposition des circonstances détaillées du fait unique apporté par elle en témoignage honteux de l'existence, à la fin du IV° siècle, à Constantinople, en Orient, d'une certaine *Confession auriculaire*. En examinant ce fait, d'ailleurs *isolé*, l'on voit tout aussitôt qu'au lieu d'être *en faveur* de la *Confession papale*, il s'élève en terrible *protestation contre elle*. Ecoutons le célèbre historien de l'Eglise, Socrate, à qui je donne ici la parole en le citant textuellement, (Livre V. ch. 19). Voici son langage, expressément confirmé d'ailleurs par Sozomène et Nicéphore Caliste.

« Dans le même temps, l'an 383, l'on jugea très à pro-
« pos d'abolir les prêtres des églises qui présidaient
« à la pénitence, et, cela, par les motifs suivants :

« Après que les Novatiens se furent séparés de
« l'Eglise, parce qu'ils ne voulaient pas être en
« communion avec ceux qui, dans la persécution de
« Décius, avaient apostasié, les évêques se mirent
« à adjoindre à l'officiant ecclésiastique un prêtre
« pénitencier, pour que ceux qui, depuis le baptême,
« avaient péché, fissent la *Confession* de leur faute
« devant ce prêtre établi pour cela. Cette institu-
« tion se maintient encore aujourd'hui chez les au-
« tres sectes. Les *Homousiens* seuls, et les *Novatiens*
« qui suivent la foi de ces derniers, ont rejeté le
« prêtre pénitencier. Ce fut même dès l'origine que
« les Novatiens ne voulurent point admettre cette
« injonction. Mais les Homousiens, qui maintenant
« sont maîtres des Eglises, après avoir admis
« cette institution pendant quelque temps, l'ont
« finalement abrogée au temps de l'évêque Nectaire,
« à l'occasion de certain délit commis dans l'Eglise. »

Maintenant, lecteurs, quel fut le délit auquel fait
allusion l'historien Socrate ? Examinons-le bien, car
il est instructif sous plus d'un rapport, et nous
pouvons tous en tirer profit. Le voici donc :

Une dame noble de Constantinople se confessa
d'avoir péché avec un diacre. Le fait se divulgua bien
vite. On chassa le diacre, et le peuple s'étant sou-
levé contre le clergé comme entraînant d'honnêtes
femmes à la débauche, Eudémone, prêtre, amena
l'évêque Nectaire à supprimer le prêtre pénitencier
et à laisser, pour la communion, chaque fidèle à
l'impulsion de sa conscience.

2.

Or, je le répète, un-tel fait rapporté par Socrate, Sozomène et Nicéphore Caliste, les trois plus graves historiens de l'époque, est un fait plein pour nous d'instruction. Evidemment, en voici les conséquences directes :

La première est que la *Confession auriculaire* a commencé seulement à poindre en Asie, et non pas même encore au patriarcat d'Occident, c'est-à-dire en Europe et sous la juridiction papale, au temps et à l'occasion des Novatiens. Donc elle n'est pas *traditionnelle*, et, par conséquent, elle est ANTICATHOLIQUE.

La seconde est qu'*un seul* prêtre était pénitencier dans la grande cité de Constantinople. Or l'église, en ce temps-là, ne s'ouvrant que durant les offices divins, ce prêtre aurait-il pu suffire, à *lui seul*, pour recevoir *tant de fidèles,* si la *Confession auriculaire* avait été considérée alors, comme *obligatoire*? Evidemment non. Donc allait à lui qui voulait, et, cela, simplement pour des péchés extraordinaires, comme était celui de cette dame.

La troisième est que ladite Confession ne fut établie, en effet, que pour les *Tombés (Lapsi)* expression désignant alors les *apostats*. Elle ne l'avait pas été pour les *fautes ordinaires*.

La quatrième est que les Novatiens se révoltèrent, dès le début, contre cette *adjonction*, et refusèrent obstinément de l'admettre. Or, une chose *ajoutée* est, de toute évidence, *antitraditionnelle*, ANTICATHOLIQUE.

La cinquième est que cette Confession ne se maintenait au temps de Socrate (V° siècle) que chez les *hérétiques ;* elle fut même, alors, le principal signe de l'*hérésie*. Ainsi, voilà de beaux antécédents à rappeler par l'Eglise papale en faveur de la *Confession auriculaire* ! Et comment est-elle aujourd'hui devenue un des signes principaux du papisme orthodoxe ? On ne peut logiquement répondre à cette interrogation, qu'en disant que l'Eglise papale est devenue absolument HÉRÉTIQUE et, de plus, ANTI-CATHOLIQUE.

La sixième est que Nectaire, ayant aboli ladite Confession de son autorité privée, et sans décision d'un concile œcuménique ou du moins provincial, cette Confession était donc tenue, à la fin du IVe siècle (en 383) comme une institution *particulière* et non *générale*, une pratique *indifférente* et non point *nécessaire au salut*. Bien moins la tenait-on pour une institution du Christ.

La septième est que, si ladite pratique eût été même utile, au lieu d'être ostensiblement nuisible, on se fût contenté de changer le pénitencier infidèle, et l'on n'aurait pas aboli la *Confession elle-même*. Or, du fait de cette abolition par l'évêque Nectaire, exemple aussitôt suivi d'ailleurs par les autres prélats, il résulte avec clarté que l'on tenait ladite Confession pour *inutile à la rémission des péchés*, pour *nuisible* en ses résultats, et pour simplement *disciplinaire*, au moins dans l'intention de ceux qui l'avaient établie. Et, d'ailleurs, si la *Confession auriculaire* avait été *catholique*, ou d'institution primitive, il ne se fût trouvé nul évêque assez présomptueux pour songer à l'abolir.

La huitième est que les fidèles, au temps du patriarche Nectaire, étaient autrement *chrétiens* et *moraux* que les prétendus *catholiques* de notre siècle, hélas! qui, voyant tous les jours nombre de faits semblables à celui qui motiva la suppression du pénitencier de Constantinople en 383, non seulement ne se soulèvent pas en masse, afin de demander au pape, à l'épiscopat, au gouvernement, l'abolition de *tous les confessionnaux,* mais les fréquentent eux-mêmes, y laissent aller leur femme, y poussent leurs enfants et leurs domestiques. Ainsi l'ignorance et l'immoralité, sa compagne ordinaire, ont envahi les populations faussement dites *catholiques,* au lieu qu'elles aient progressé dans la morale et la droiture, environ quinze cents ans après Nectaire. Et ce résultat si triste est le pur effet des erreurs, plus de quinze fois séculaires, de l'Eglise papale et de sa *Confession anticatholique,* effrayant couronnement, dès l'an 1215, de son système abominable.

Ainsi donc, vous le voyez : les théologiens papistes sont bien pauvres en fait de preuves établissant que la *Confession auriculaire* était connue à Constantinople en 383, pour être ainsi réduits à s'appuyer sur un fait historique, expressément *favorable à ma thèse* autant qu'il est à *leur confusion.*

Je livre également à vos réflexions que le *secret* du péché confessé par la dame noble a sans doute été bien mal gardé, puisque le peuple entier de Constantinople en fut si vite informé. Dieu n'est donc pas intervenu par un miracle, alors, pour clore hermétiquement la bouche au pénitencier prévaricateur, comme on cherche à nous le faire croire aujourd'hui.

Maintenant que j'ai donné d'abondantes preuves *négatives* que la *Confession auriculaire* était inconnue à la primitive Eglise, et que la tradition se tait à

son sujet, je vais mieux faire encore, attendu que
je vais établir la même vérité sur des preuves
positives d'une précision et d'une force accablantes.

SECOND POINT

La Tradition contredit la Confession auriculaire

Oui, bien que le silence des douze premiers siècles,
relativement à la *Confession auriculaire* en tant que
condition essentielle à la rémission des péchés, soit
une preuve invincible, au détriment du système
papal, toutefois il est important de la corroborer
en montrant ici ce qu'ont pensé les Pères de la façon
d'obtenir cette rémission des péchés.

Tandis que l'Eglise, en son catéchisme officiel in-
titulé : *Catéchisme du Concile de Trente*, définit la
Confession : « *une accusation sacramentelle de ses pé-*
« *chés qui revêt le caractère du sacrement*, faite à
« dessein d'en obtenir le pardon par la vertu des
« clefs, » Tertullien, vivant au II° siècle, et, conséquemment, peu de temps après le Christ, la définit
tout autrement. Il dit (*De Penitentiâ, Cap. X.*) :
« *C'est l'aveu que nous faisons de nos péchés à Dieu,*
« *Notre-Seigneur, non parcequ'il en est ignorant, mais*
« *parce que cet aveu dispose à la satisfaction. De l'aveu*
« *naît le repentir, et, par le repentir, Dieu est apaisé.* »

Quelle différence entre ces deux définitions ! Celle
de l'Eglise papale est un galimatias sans pareil ayant,
pour être un peu saisi, besoin de plusieurs pages
d'explications qui demanderont à leur tour d'être
expliquées sans fin. Qu'est-ce bien, je me le demande

ici, que cette accusation dite *sacramentelle*, ou revê-
tant le *caractère du Sacrement* ? Comprenez-vous
mieux que moi, qui ne le saisis pas du tout, ce que
peut être une accusation ayant pour *vêtement* un
caractère ? Et qu'est-ce également que ces *clefs* ayant
la *vertu de remettre les péchés* ? Les Indous croient
s'assurer l'entrée immédiate au Ciel, à la condition
d'avoir à la main *une queue de vache* au moment de
la mort. En quoi les *clefs du pape* ont-elles plus la
vertu de pardonner les péchés qu'une simple *queue
de vache* ? O bêtise humaine ! es-tu moins grande en
France, et dans tous les pays où le pape a des adhérents, que tu ne l'es dans l'Indoustan et dans les
lieux qu'arrose le fleuve soi-disant *sacré* du Gange,
où vont se plonger les riverains pour s'assurer de
leur salut éternel ? Quelle pitié ? La définition de
Tertullien ne nous a-t-elle pas tous, au contraire,
immédiatement saisis par sa clarté, par son sérieux,
par sa noblesse, enfin par sa conformité remarqua-
ble avec l'esprit de l'Evangile, avec les *sentiments
vrais* du cœur humain ? Elle est comprise aussitôt
par l'enfant lui-même, autant que celle de l'Eglise
est indéchiffrable, et *sans aucun sens*, pour la plus
belle intelligence, ornée, en plus, d'une éducation
distinguée. Il est vrai que l'Eglise papale a toujours
ainsi compliqué les choses les plus simples. Elle a
besoin d'embrouiller tout, d'obscurcir la clarté
même, afin d'hébéter l'esprit et de pouvoir comman-
der aisément aux consciences dévoyées de ses fidèles. La domination, voilà le but antichrétien qu'elle
poursuit par tous moyens, *per fas et nefas.*

Saint Ambroise, archevêque de Milan au cours du
Ve siècle, dit de l'apôtre Pierre (Livre X, sur l'Evan-

gile de saint Luc) : « Pierre se repentit et pleura,
« parce qu'il fut homme pécheur. Je ne vois écrit
« nulle part qu'il ait prononcé la moindre parole.
« Je lis ses larmes, mais non point sa satisfaction. »

Saint Jean-Chrysostôme, au v° siècle (*Homélie* 21°)
dit au peuple d'Antioche : « Il est admirable que
« Dieu non-seulement nous remette nos péchés,
« mais qu'il nous les remette *sans nous obliger à les*
« *révéler*, et qu'il nous astreigne uniquement à en
« rendre compte à LUI-MÊME, à nous *confesser* à
« LUI. Pour nous remettre nos péchés, il ne nous
« assujettit pas à les déclarer *à qui que ce soit ;* il
« n'exige qu'une chose : c'est que celui auquel il
« accorde ce bienfait de la rémission comprenne la
« grandeur du don qu'il reçoit. Comment donc ne
« serait-il pas *absurde* que, pendant que celui qui
« nous accorde une telle grâce se contente *du simple*
« *témoignage de notre conscience*, nous allions, *nous*,
« comme *par ostentation*, chercher d'autres témoi-
« gnages ? »

Par ce langage aussi franc, aussi positif, ne
dirait-on pas que ce grand docteur des Eglises
d'Orient ait prévu, pour la condamner d'avance avec
énergie, qu'on établirait plus tard cette *Confession*
auriculaire, aujourd'hui si justement qualifiée par
lui d'*absurde* et d'*ostentatoire* ?

Il dit encore *(Homélie 30)* : « *Confessez-vous* souvent
« avec grande attention, *mais à Dieu*. Je ne t'envoie
« pas devant tes frères assemblés ; je ne te force
« point à *révéler aux hommes* tes péchés. Déroule
« ta conscience devant Dieu. Montre-LUI tes plaies
« en LUI en demandant le remède. Découvre-toi à
« LUI, qui ne réprimande pas, mais guérit. Quand

« bien même tu garderais le silence, Il n'ignorerait
« rien. Découvre-toi à Lui pour que, débarrassé par
« là de ton fardeau, tu t'en retournes d'auprès
« de Lui, *pur* et *acquitté*, et que tu n'aies point à craindre le redoutable examen public du dernier
« jour. »

Dans son *Homélie* 9, sur ce verset du *Psaume V* :
« *J'ai péché contre* Toi *seul*, » le même saint s'exprime
ainsi : « *A Dieu seul* donc *déclare ton péché*, et il te
« sera pardonné. »

Dans son *Homélie* 2e, sur le même *Psaume*, il dit :
« Avoue tes péchés pour qu'ils te soient effacés.
« Mais quoi ! peut-être qu'il t'en coûte de dire que
« tu as péché ? Eh, dis-le dans ta prière. Je ne te
« parle pas d'aller le déclarer à l'un de tes sembla-
« bles qui te gourmanderait, mais à Dieu qui les
« pardonne. »

Dans son *Homélie* 4e, sur Lazare, il dit : « Ne vas
« donc pas confesser tes péchés à *quelqu'un de tes*
« *frères* qui pourrait les publier ; mais confesse-les
« à Celui qui est Dieu, qui prend soin de toi, qui
« est miséricordieux, qui remédie ; c'est à Celui-là
« qu'il faut montrer tes plaies. »

Dans sa 68e *Homélie*, il parle ainsi : « As-tu péché ?
« Dis-donc à Dieu : *J'ai péché* : Y a-t-il là une grande
« fatigue ? Est-ce long ou pénible ? Où donc est la
« difficulté de dire : *J'ai péché* ? Entre à l'église et
« tiens à Dieu ce langage : *J'ai péché ! Cela me suffit*
« *de ta part.*

Dans sa 28e *Homélie*, en commentant le passage
de saint Paul (I Corinth., XI, 28) : « Que chacun
« donc s'éprouve soi-même et que, de la sorte, il
« mange de ce pain et boive de cette coupe; le même

« saint Jean-Chrysostôme s'exprime encore ainsi :
« Par ces paroles, saint Paul n'a pas entendu que l'on
« s'éprouvât *l'un l'autre;* mais que chacun s'éprouvât
« soi-même au moyen d'un jugement *secret*, et non
« *public*, porté dans son intérieur, *sans aucun témoin*. »

Je pourrais grandement ici multiplier les citations
à l'appui de ma thèse, en empruntant celles d'autres
Pères des premiers siècles de notre Ère. Assurément, *toutes* nous confirmeraient que la primitive
Eglise a, d'une part, méconnu la *Confession auriculaire* en tant que moyen essentiel d'obtenir la
rémission des péchés, et qu'elle a, d'autre part, fait
consister cette rémission dans l'humble aveu de
ses péchés à Dieu *seul*, aveu toujours accompagné
d'un regret sincère et de la ferme résolution de ne
les plus commettre à l'avenir. Mais les précédentes
citations étant bien suffisantes, et même allant au-
delà de ce qui serait nécessaire à justifier parfaite-
ment ma thèse, il serait superflu de m'étendre ici
davantage, et, surtout, en un sujet qui, bien qu'ayant
une importance majeure au point de vue de la morale et de la société, ne laisse pas que de fatiguer
l'esprit par la contention que nous devons mettre
à suivre une démonstration serrée, et qui, pour
certains lecteurs, ne peut avoir d'attrait que celui
de la vérité pure. Aussi, persuadé que, par ce qui
précède on a très-fermement acquis la conviction
que la *Confession auriculaire* est *antitraditionnelle*
et, par conséquent, *anticatholique*, il me faut en venir, dans la conférence suivante, à montrer son
caractère essentiellement immoral.

Pères et mères qui me lisez, c'est à vous qu'il
appartient de juger si vous pouvez autoriser vos

enfants, garçons ou filles, à lire eux-mêmes cette troisième conférence ! A coup sûr, je ne la laisserais point, moi, lire à des enfants encore impubères, encore ignorants de ce qui se passe, au sein d'un *très-grand nombre de confessionnaux*, entre le confesseur et la pénitente, ou le pénitent lui-même alors que ce dernier, âgé de dix à quatorze ans, est peut-être heureusement innocent de corps et d'imagination. Soyez donc prudents, en pareille matière, à l'égard de vos enfants et de ceux d'autrui. Sachez apprécier à quel âge il vous paraîtra bon de leur permettre avantageusement ladite lecture. Au contraire il est bon, fort bon, que vous leur fassiez lire en votre présence, à haute voix, mes deux premières conférences ainsi que la quatrième ou dernière. En agissant ainsi, vous ferez acte de *christianisme* et de *catholicisme*, en même temps que de *patriotisme* éclairé. Quant à vous, pères et mères, tuteurs et tutrices, maîtres et maîtresses de pensions, jeunes gens qui pensez à vous établir par un mariage, honnête avant tout et qui puisse assurer votre bonheur, il vous importe infiniment de lire et relire avec soin cette troisième conférence, afin que vous compreniez bien le danger que vous feriez courir aux enfants que Dieu même, ou du moins la société, vous a confiés, si vous les poussiez au confessionnal, et vous, jeunes fiancés, le danger de déshonneur et de chagrin perpétuel que vous encourriez, si vous épousiez une jeune fille ou veuve hantant la *Confession auriculaire*.

En vous retraçant ici les affreux périls auxquels vous exposez des enfants candides, ou que vous ne craignez pas d'affronter vous-mêmes en cherchant à vous unir à l'une des clientes d'un confesseur, je vous rends, pères et mères, tuteurs et fiancés, le plus éminent service, assurément, que vous puissiez recevoir d'un citoyen ne cherchant qu'à faire du bien à ses semblables.

TROISIÈME CONFÉRENCE

LA CONFESSION AURICULAIRE EST PROFONDÉMENT IMMORALE.

La présente affirmation est bien plus facile encore à soutenir que celles de mes deux précédentes conférences ; car les documents qui l'appuient sont tellement nombreux que, s'il fallait les donner tous, ce n'est pas une heure ou deux qu'il faudrait y consacrer, ce seraient des années, et ce temps ne suffirait pas encore à les exposer tous. Je vais donc m'en tenir aux principes, aux grandes lignes générales, aux mesures prises par les papes et les évêques pour *remédier*, ont-ils eu la simplicité de croire, à des situations vraiment *sans remède* autre que la suppression pure et simple.

Or, pour exposer clairement la question, je la divise en deux points. Dans le premier, j'exposerai les mesures prises par divers papes pour apporter au moins quelques obstacles à la multiplicité des faits immoraux produits par le confessionnal, et, dans le second, je donnerai quelques exemples de ces faits arrivant quotidiennement dans les confessionnaux, ou, ce qui revient au même, à la suite du confessionnal.

PREMIER POINT

Dispositions papales contre l'immoralité du confessionnal.

L'immoralité résultant des relations intimes contractées dans les confessionnaux se trouve, hélas ! confirmée en tous les lieux où la *Confession papale* est en usage. On la rencontre aussi bien dans les pays les plus civilisés que dans les contrées lointaines étrangères à la civilisation contemporaine. Elle existe aux froides régions du Nord comme aux contrées brûlantes du midi. L'Occident se trouve, en cela, partagé comme l'Orient. Des faits nombreux, journaliers, renouvelés sans interruption, viennent à chaque instant témoigner de l'immoralité profonde engendrée, au sein du clergé célibataire et du sexe féminin, par le moyen du confessionnal. Ces faits, si communs de nos jours, se sont réalisés sans cesse et partout depuis que cette institution abominable est en vigueur. Des millions de faits l'établissent sans réplique.

Mais je veux me borner aux XVIe, XVIIe, XVIIIe et XIXe siècles, époques où le clergé papal devait être excité par tant de motifs à se tenir sur la réserve et dans une morale sévère, en face de la Réforme luthérienne ou calviniste. Il incombait, certes, au clergé romain de prouver aux protestants que la *Confession auriculaire*, abolie aussitôt par les réformateurs, n'avait pas les si graves inconvénients dont ceux-ci faisaient les plus terribles griefs à Rome. Ils devaient, moyennant leurs prétendues grâces d'état, mener une vie exemplaire au milieu des populations, se montrer des anges, purs esprits bien qu'en fréquent tête-à-tête avec de jeunes péniténtes, autres anges d'un sexe différent du leur, anges masculins et anges féminins n'ayant de la chair que l'apparence et gardant de l'esprit seul toutes les propriétés.

Comme un très-grand nombre de leurs confrères, qui se firent un devoir d'embrasser la réforme, ils auraient également pu se marier et renoncer à l'usage *antitraditionnel* de scruter les secrets de l'homme et surtout les faiblesses de la femme, usage ayant alors seulement quatre siècles d'existence et que leurs pieux collègues jugèrent immoral et dangereux. S'ils préférèrent sottement le joug du célibat, tout au moins la fonction de confesseur leur faisait un devoir strict de ne donner aucune prise à la critique en exerçant cette fonction si décriée. Eh bien, est-ce là ce qu'ils ont fait ? Hélas ! les choses en sont venues au point que les papes eux-mêmes, rougissant des monstruosités, commises par un grand nombre de confesseurs, décrétèrent de fortes peines à leur égard avec l'obligation, pour les complices et pour tous les fidèles, de dénoncer à leur évêque respectif tous ces confesseurs lubriques, tous ces prévaricateurs du sacerdoce.

Ainsi Paul IV, en avril 1561, Pie IV, le 6 avril 1564, Clément VIII, le 3 décembre 1592, et Paul V, en 1600, pour les royaumes du Portugal, de l'Espagne, etc., prescrivent aux pénitents et pénitentes, sollicités à des actions déshonnêtes par leurs confesseurs, de les dénoncer au tribunal de l'Inquisition ou à l'évêque du diocèse.

Grégoire XV, le 30 août 1622, étendit ce devoir à

tous les fidèles de l'univers, n'importe en quel pays, vu que le mal était *universel*. En effet, par sa Constitution il ordonna de dénoncer les prêtres qui, soit en *confession*, soit en *lieu réservé spécialement à cet usage*, soit qu'ils *entendent* la confession, soit qu'*ils feignent de l'entendre*, auraient excité leurs pénitents ou pénitentes à des actes honteux ou leur auraient tenu des discours deshonnêtes. De plus, il ordonne à tous les confesseurs de prescrire à leurs pénitents cette dénonciation.

Alexandre VII amplifia la mesure en décrétant, le 8 juillet 1660, que le pénitent devait accomplir cette dénonciation sans la faire en rien précéder d'une correction fraternelle ou d'autre admonition.

Le même Alexandre VII condamna, le 24 septembre 1665, deux propositions formulant la doctrine opposée.

Des réponses analogues aux prescriptions de ce pape furent données, en 1707 et 1727, par la Congrégation dite du *Saint-Office*.

Benoît XIV, par sa Constitution : *Le Sacrement de pénitence*, en date du 1er juin 1741, décréta :

1· De dénoncer et punir, d'après les circonstances, tous ceux qui, en confession ou à son occasion, par paroles, signes, mouvements, tacts, écrits à lire, ou pendant, ou après la confession, auraient sollicité le pénitent ou la pénitente à des actes honteux, ou bien auraient tenu des discours déshonnêtes ;

2· D'avertir les confesseurs de l'obligation d'exiger de leurs pénitents la dénonciation de ceux qui les auraient sollicités, d'une façon ou de l'autre, à des actes honteux ;

3· D'interdire l'absolution de leurs complices

aux prêtres souillés d'un crime aussi révoltant, et, cela même en temps de jubilé. La seule exception était *l'article de la mort, avec l'absence de tout autre que ce complice.* En violant cette prohibition, le confesseur coupable eût encouru l'excommunication majeure réservée au Saint-Siège.

Il serait superflu de donner plus de détails sur les mesures que les papes ont dû prendre afin de paraître au moins obvier de quelque manière aux innombrables et si honteux désordres produits par le confessionnal. En effet, les décrets pontificaux ci-dessus ne suffisent-ils pas amplement à prouver que la *Confession auriculaire* a constamment été, même aux époques de réforme, époques les plus propices à faire éloigner la réalité malheureuse, une source abominable et intarissable en même temps d'immoralités inouïes, tant pour le confesseur que pour les pénitentes, soit célibataires, soit veuves, soit mariées, et pour les pénitents eux-mêmes, jeunes ou vieux ?

Voilà pour les dispositions papales contre l'immoralité résultant de la Confession. Mais si nous ouvrions les archives de la Pénitencerie, à Rome, et les archives secrètes des mille évéchés soumis au pape, il nous faudrait plus d'une vie d'homme, assurément, pour lire en entier les dénonciations faites contre des confesseurs par des pénitents et des pénitentes qui les accusaient d'avoir été provoqués par eux à *pécher ensemble.* Or, si nous réfléchissons que le nombre des dénonciateurs et dénonciatrices est de beaucoup inférieur au nombre de pénitents et pénitentes qui n'ont pas voulu se prêter à ce rôle assez décrié, mais ont préféré se taire et s'épargner la honte, ou le ridicule, ou d'interminables ennuis, nous comprendrons alors que le nombre total des confesseurs tombés dans le vice avec des pénitentes ou des pénitents est vraiment incalculable. En outre, il est certain que beaucoup de *pénitentes, surtout*, n'ayant pas désiré mieux que de pécher avec leur bien-aimé confesseur, ne se sont pas avisées de dénoncer ce complice adoré, chéri. Tout au contraire — et je parle ici des femmes dévotes, amantes effrénées de leur confesseur lubrique — elles s'en montrent les protectrices ardentes, prêtes à vous sauter aux yeux, comme une poule à qui l'on prendrait ses poussins, si vous mettez seulement en suspicion la moralité, la *sainte vertu*, disent-elles, de leur pieux confesseur, qu'elles savent trop bien n'être que leur complice hypocrite et qu'un débauché sacrilège.

Le Père Gloriot, supérieur des jésuites de Dôle, me dit un jour que l'évêque de N..., auquel il recommandait d'interdire un curé du voisinage ayant l'impudeur de vivre ostensiblement avec sa pénitente, femme du maire, lequel s'y prêtait volontiers parce qu'il avait dissipé sa fortune et que le curé, riche et chasseur comme lui, faisait bouillir la marmite à tous trois, le P. Gloriot me dit donc que le prélat lui fit cette réponse :

« — Et comment voulez-vous que j'agisse excep-
« tionnellement contre ce curé, mon cher Père ? Il
« est le seul que vous connaissiez, dans mon diocèse,
« en aussi pitoyable situation. Mais moi, j'en connais
« *plus d'un cent* qui vivent *maritalement*, d'une *façon*
« *sacrilège*, avec la femme de quelque habitant de sa
« paroisse, et quelquefois avec plusieurs. Je ne dis

« rien de ceux dont les servantes sont leurs concu-
« bines, de ceux que me dénoncent journellement
« celles de leurs pénitentes qui n'ont pas voulu
« condescendre à leurs propositions impudiques.
« Voyez, mon Père, il me faudrait, pour être im-
« partial, interdire au moins les trois quarts des
« membres de mon clergé. Mais le scandale, alors,
« serait affreux. Personne, il est certain, ne croirait
« plus à la vertu d'aucun prêtre. On dirait dans
« tout le diocèse, on répéterait dans tous les jour-
« naux de France et de l'étranger : l'évêque de N...
« vient de frapper, pour faits d'immoralité connus
« de lui, les trois quarts de ses prêtres. L'autre
« quart a su mieux se cacher, mieux exercer l'hypo-
« crisie, et c'est le motif pour lequel il est épargné.
« Le remède est infiniment pire, ici, que le mal. Ce
« dernier subsistera tant que subsisteront le *Célibat*
« *ecclésiastique* et la *Confession auriculaire*. Eh bien,
« les supprimer, ce serait renverser dans ses fonde-
« ments notre catholicisme actuel.

Ce même évêque, à qui j'ai fait plusieurs visites,
ayant demandé dispense à Pie IX, pour un diacre
qui, pendant ses vacances du grand séminaire,
avait rendu mère une jeune veuve, en reçut
cette réponse impitoyablement caractéristique :
« PEREAT! » *Qu'il périsse !* Oh oui ! Que les âmes de
tous les prêtres romains périssent, pourvu que
leur Célibat ignoble et que leur immonde Confession
soutiennent le prestige et la domination du pape
et de son millier de grands suppôts, les évêques,
voilà l'infernal cri du vicaire de Satan ! Avec ton
Célibat impur et ta *Confession auriculaire*, immorale
au dernier degré, tu te crois sur un trône, Eglise

maudite ! et tu ne fais que l'enfoncer de plus en plus dans l'abîme ! Oh ! ton fameux trône ? Il est *splendide* ! Il est *propre* ! Il est *odorant* ! C'est la vase infecte et putréfiée de l'égout morbide où tu patauges et fais patauger des centaines de milliers de prêtres, tes malheureuses dupes et victimes, ou les instruments plus ou moins conscients de tes abominables desseins !

J'en ai dit suffisamment, je crois, sur les dispositions prises par les papes, puis appliquées chaque jour par leurs évêques du monde entier, pour apporter quelques remèdes et préservatifs à la maladie incurable, appelée *immoralité*, résultat immédiat et direct du confessionnal. Partout ces remèdes et préservatifs sont restés inefficaces, vu que l'institution elle - même est radicalement vicieuse et ne peut, en général, porter que des fruits corrompus. « *Cueille-t-on des figues sur des « ronces et des raisins sur des épines ?* » nous dit le Christ.

Si le pape et son épiscopat n'avaient souci que des intérêts religieux et moraux, et non pas, *avant tout*, de ceux de leur domination propre, emploieraient-ils des palliatifs insignifiants ? Non, mais ils retrancheraient le mal *dans sa racine*. Ils aboliraient purement et simplement la *Confession auriculaire* et le *Célibat ecclésiastique.* Ils ne le feront point, car ils ne voudront pas avouer que le IV° concile de Latran, l'an 1215, s'est trompé, parce que ce serait reconnaître alors que leur Eglise, à plus forte raison son chef, le pape, est capable d'erreur comme tout ce qui participe à l'humanité, suivant cet adage antique : « *Errare humanum est.* » *Il est de l'essence de l'homme de se tromper.* Oublieux de *ce commencement* de l'adage, ils en assument *la fin* sans scrupule et sans vergogne, aveuglés qu'ils sont par leur immense orgueil. Se donnant pour *infaillibles*, ces insensés tiennent à persévérer dans leurs décisions pleines d'erreurs, et c'est en cela qu'ils se montrent dignes de celui dont ils sont les vrais représentants ici-bas : « *Perseverare autem* « *diabolicum.* » *Mais persévérer dans ladite erreur n'appartient qu'au diable* ; ainsi finit l'adage.

Ici donc, je clos mon premier point pour donner quelques exemples de ce qui se passe au *confessional*, ou du moins à la suite de la *Confession auriculaire*, en tous les pays du monde où cette institution se trouve en usage.

SECOND POINT

Faits immoraux résultant du confessionnal

Je me fais tout d'abord un devoir de déclarer que les faits à citer ici ne sont pas empruntés au récit de laïcs ennemis du clergé, lesquels pourraient être alors soupçonnés d'avoir voulu calomnier à dessein les membres du sanctuaire. Oh! non, tous m'ont été révélés par de fort dignes prêtres, déplorant avec moi la dépravation de leurs confrères, et plusieurs de ces faits m'ont été personnels à moi-même.

Un très-respectable prêtre, estimé de tout le public, curé d'une ville de six mille âmes, chef-lieu d'un arrondissement du centre de la France, où je recevais l'hospitalité, le soir, m'exprima son chagrin de voir son ministère infructueux, vu que, se trouvant le successeur d'un curé qui s'était servi du confessionnal pour rendre mères, de par ses œuvres, une centaine au moins de ses plus riches et plus belles pénitentes, aucun de ses paroissiens, sinon les enfants se préparant à la première communion et les vieilles femmes moribondes craignant l'enfer, ne voulait plus s'approcher du confessionnal. Ce vertueux doyen ne m'apprenait pas une nouvelle. Avant de l'aborder, quatre ou cinq des succursalistes de son doyenné m'avaient déjà certifié ce fait, d'ailleurs si connu du public dans toute la contrée.

Un supérieur - général d'Ordre religieux, d'une grande piété, m'affirma connaître un couvent dont *toutes* les religieuses, *sans aucune exception*, de la supérieure à la tourière, étaient devenues, *sans scrupule avant l'acte* et *sans remords après*, les très-complaisantes maîtresses de leur aumônier. Cet impudique usait du confessionnal pour les persuader qu'étant lui-même, en sa qualité de prêtre, un autre Christ « *Sacerdos alter Christus*, » un moyen pour elles de devenir de dignes épouses de Jésus était de se livrer corps et âme à lui, son représentant sur terre. Il était le dispensateur des grâces spirituelles, comme aussi de toutes les jouissances du cœur. L'union parfaite avec Jésus, leur disait-il, ne pouvant plus avoir lieu corporellement, puisque ce corps divin est dans le ciel, il a daigné pourvoir aux besoins des âmes pures désirant ardemment l'union comme épouses, en se faisant remplacer auprès d'elles par leur confesseur. Mais c'est à ce dernier à juger quelles sont celles qui

sont parvenues, à force d'éminentes vertus, à
mériter l'union parfaite et *consommée*. Or, la première de ces vertus, la plus indispensable, était la
discrétion complète à l'égard des grâces surémi-
nentes à recevoir encore, après maintes épreuves
de la plus infernale habileté. Leur pervertissant
tout d'abord l'esprit et le cœur, il les carressait
plus ou moins suivant qu'il les trouvait *plus ou
moins avancées* dans les sortes de vertus qu'il
leur souhaitait ; puis il finissait toujours par leur
inspirer un désir effréné de la *faveur insigne*, et
c'étaient alors elles-mêmes qui, tout éperdues,
sollicitaient de sa charité sacerdotale et compatis-
sante, en s'offrant sans réserve à lui-même, en se
jetant dans ses bras, l'accomplissement de l'*union
parfaite*. Or, pareille conduite a duré nombre d'années sans transpirer au dehors.

Mais cet infernal secret, si longtemps gardé, se
découvrit enfin.

Une jeune novice, de noble origine et de vertu
plus noble encore, étant entrée en ce couvent, ne
fut pas longtemps sans se douter que certaines
privautés de religieuses et de novices elles-mêmes
avec leur aumônier devaient trahir certains désordres secrets. D'ailleurs l'aumônier, épris de la
beauté rare et des manières exceptionnellement
gracieuses de la novice en question, commit, dans
son impatience à jouir d'elle au plus vite, une grave
imprudence. Il lui montra d'abord trop clairement
le but final de ses investigations lubriques. Puis
tourmenté par sa passion montée au paroxisme, il
s'en vint une autre fois, dans le confessionnal
même, à révéler à sa jolie et enchanteresse péni-

tente ce qui se passait entre lui, confesseur, et toutes les religieuses *sans exception*; lui faisant envisager comme une faveur *exceptionelle*, et *sans précédents*, d'avoir été, simple novice encore, appelée à l'*union parfaite* et consommée avec Jésus-Christ agissant par son représentant, le confesseur.

La pieuse novice, outrée et stupéfaite au-delà de toute imagination, eut assez de sang-froid pour se contenir et demander du temps afin de se préparer à devenir plus digne encore, après un mois d'efforts dans les vertus exigées par le confesseur, d'accepter l'*union intime* et *consommée* avec Jésus par son ministre. Alléguant même une indisposition physique et passagère, elle prit ainsi congé du loup enfermé dans le bercail, dont chaque jour il faisait sa proie.

A dater de ce moment, elle ne songea plus qu'au moyen de s'évader; mais sans révéler à qui que ce fût, dans le couvent, son intention fixe. Après avoir, durant quinze jours, dissimulé sa peine et sa honte, autant que son profond dégoût d'avoir tenu pour une maison de Dieu le plus ignoble des lupanars, elle prit ses précautions avec sagesse afin de s'en échapper sûrement et de contribuer même, autant qu'il dépendait d'elle, à remédier à ces effroyables désordres commis dans ce lieu d'infamie où venaient se corrompre, à leur insu, tant de jeunes filles candides qui pensaient, au contraire, y trouver la quintessence de la perfection chrétienne.

Un soir donc, dans une nuit très-obscure d'hiver, son abbesse l'ayant questionnée à part sur un détail sans importance, elle lui répondit que la sœur tourière était seule en état de la renseigner pertinemment. L'abbesse alors lui dit : Envoyez-moi la sœur tourière et gardez la porte à sa place une demi-heure ou trois quarts d'heure au plus.

A peine la riche novice, ayant à sa disposition les clefs du couvent et le rouleau de pièces d'or qu'elle avait soin de porter sur elle à dater du jour de la proposition infâme, eut-elle entendu la sœur tourière entrer chez l'abbesse, qu'ouvrant doucement la porte du couvent donnant sur la rue, et la refermant à clef par le dehors, elle s'enfuit à toutes jambes à la station du chemin de fer la plus rapprochée et put aussitôt se rendre à la ville épiscopale, où la reçut une famille noble, amie de la sienne. Elle se rendit, le lendemain, auprès de l'évêque, à qui *seul* elle voulut révéler le ravage opéré dans le bercail, par la dent du loup noir déguisé fatalement en berger.

C'est de ce même évêque, informé d'abord par la novice, et, bientôt après, par une enquête minutieuse et qui, dirigée avec habileté, *confirma tous les faits*, que ce supérieur-général français tenait ladite révélation, qu'il m'a faite à son tour lui-même, à Rome, en 1856.

« *Ab uno disce omnes.* » *Par un seul, apprends à les connaître tous*, dit Virgile en parlant des Grecs. Eh bien, par cet exemple il nous est aisé de voir à quels résultats peut mener la *confession faite à l'oreille d'un homme :* à la dépravation la plus sacrilège, à *l'impudicité commise avec un prêtre, en vue de l'*UNION CONSOMMÉE AVEC LE CHRIST !!!

Ce fait étrange, impossible à contester, vu la sincérité reconnue et la grande piété du supérieur-général de qui je le tiens, est d'ailleurs conforme à ce que j'ai vu moi-même, en 1859, dans un couvent du centre de la France.

Une religieuse, bourrelée de remords pour s'être ainsi livrée aux infâmes désirs de l'aumônier, me fit des aveux que la bienséance, et non le secret pénitentiel, puisque ce fut *hors de la confession*, m'interdit *seule*, absolument, d'exprimer ici. Les détails en sont d'une lubricité révoltante. Et moi-même avais surpris, deux heures avant la communication, ce même aumônier, ce misérable, ayant sur ses genoux, pressée entre ses bras et sur sa poitrine, avec ses lèvres sur les siennes, une des plus jolies novices du monastère, à laquelle il affirmait que c'était précisément *en* CELA que consistait *le bonheur promis à ceux et à celles que Dieu poussait à tout quitter pour le servir dans le cloître.* Ainsi Dieu, d'après ce misérable, offrirait *l'impudicité sacerdotale* en compensation des sacrifices que fait une jeune fille en quittant son père et sa mère, ainsi que ses frères et sœurs.

— Oui, leur disait-il, c'est LA le *centuple* obtenu dès cette vie, en attendant l'éternelle félicité de l'autre monde.

Or l'aumônier, que je me permis de réprimander à ce sujet, me dit que *tout était paternel de sa part,* et que ce moyen avait été pris par lui pour empêcher aux novices de s'ennuyer dans le cloître et de regretter les parents, les amis, les prétendants laissés au milieu du siècle.

— Et vous croyez, répliquai-je à l'aumônier, que la novice est innocente et candide au point de ne ressentir aucun trouble en ses sens ?

— Bien certainement, me fit-il. Ne les ai-je pas

préparées toutes à CELA dans le confessionnal ?

— *Toutes ?* repartis-je. Oh ! je croyais que la novice avec qui je viens de vous trouver était la *seule* à jouir d'une telle familiarité.

— Non, non, je les traite *également toutes* ; ce qui vous montre avec clarté que je n'y mets point de passion, mais de la *paternité pure.* Elles sont *mes pieuses enfants !*

Ayant rapporté ce colloque à la religieuse en question, elle me dit à son tour :

— Ce n'est que trop vrai. Ce débauché se comporte ainsi non-seulement à l'égard de *toutes les novices sans exception,* mais à l'égard *du plus grand nombre des religieuses elles-mêmes.* Seules, les vieilles sont négligées par lui. Notre supérieure est consciente, hélas ! de ce désordre universel de sa maison ; mais elle ne voudrait y remédier. L'aumônier est son amant. Pour ne pas être elle-même, un jour, dénoncée à notre Mère-générale et remplacée, elle tient à ce que nous soyons toutes ses complices, ou compromises plus ou moins. Grâce à Dieu, je n'en suis pas venue à me laisser complètement séduire, et je reste vierge de corps ; mais il s'est livré, le monstre, à d'ignobles tentatives que j'ai la douleur et le remords de n'avoir pas repoussées avec énergie, et de n'avoir pas révélées à qui de droit. J'ai honte aujourd'hui de moi-même. Oh ! non, ajouta-t-elle en pleurant, ce n'était point là ce que je venais chercher dans le cloître en m'y rendant, comme novice, à dix-neuf ans ! Que ne me suis-je un million de fois plutôt mariée ! Une honnête épouse est incomparablement supérieure à la religieuse infidèle ; or, quel est le nombre des religieuses gardant leurs vœux ?

Plus tard, elle m'écrivit qu'elle avait dénoncé l'aumônier et le désordre intérieur de son cloître à l'évêque, et que ce dernier avait interdit l'aumônier. Il était bien temps, quand le mal irrémédiable avait été commis !

Me trouvant novice à Solesmes, du 8 août 1846 au 8 septembre 1848, mon supérieur-général, Dom Guéranger, me fit traduire en français un ouvrage italien ayant pour titre : « *I ratti di santa Maria-Ma-* « *dalena di Pazzi,* » ou *les ravissements de sainte Marie-Madeleine de Pazzi.*

Cet ouvrage, en deux in-4°, contient des passages érotiques d'une si révoltante crudité, qu'il est à peine possible d'imaginer que l'aberration mystique, entretenue habilement par le confessionnal, en soit jamais venue à ce degré si prodigieux de débauche, amenant la nonne à représenter ses aspirations, prétendues *spirituelles,* sous la forme et par les expressions les plus fidèles des actes de la plus infime animalité. Je me suis refusé nettement, au nom de la morale, à traduire en français ces passages immondes, incroyables, sortis de la plume de seize religieuses écrivant sous la dictée prétendue *extatique* de Marie-Madeleine de Pazzi. Non, je ne puis non plus me décider à les traduire ici pour le public. Qu'il me suffise alors de reproduire un certain passage en latin, pour que les personnes instruites, comprenant cette langue, en puissent donner le sens à celles qu'elles jugeront pouvoir impunément l'entendre, au lieu que je dois le cacher aux jeunes gens ou jeunes personnes qui ne les liraient pas sans danger.

La fameuse *extatique* de Pazzi, dont l'Église papale

a tant glorifié les *sublimes*, les *divins* ravissements, cette érotique hallucinée, dont ladite Église a fait une SAINTE, a, dans l'une de ses *merveilleuses extases*, osé tenir ce langage à Jésus :

« O mon bien-aimé! si tu n'as où te reposer, *veni*
« *totus in me: Oculi mei mancant in oculis misericor-*
« *diæ tuæ. Aures meæ in auribus tuis.... Os meum in*
« *ore tuo, pectus meum in pectore tuo, dilecte mi! Ma-*
« *nus meæ non in manibus tuis, sed in cavernâ sponsi*
« *mei, ut sint participes cooperationis ejus. Venter*
« *meus in ventre tuo, ut presens sit et particeps coo-*
« *perationis et ordinationis quam operatur caritas in*
« *cellâ vinariâ.* »

Puis, elle ajoute avec transport : « *Nihil foret,*
« *ô Jesu mi! collocasse omnia membra mea in te, si non*
« *satagerem interne ad ea retinenda in te.* »

Enfin, l'érotique en vient à dire à *son* Jésus, avec crudité :

« FAC MECUM SICUT SPONSUS CUM SPONSA. »

S'il est possible à certains esprits de saisir comment une femme cloîtrée, ayant fait vœu de chasteté, puisse en venir à ce mysticisme aussi monstrueux, à cette immoralité la plus sacrilège, à cette débauche frénétique et portée au point de s'adresser, pour se satisfaire en tous ses membres, en toutes les parties de son corps, à l'humanité de Jésus qu'elle croyait hypostatiquement unie à la Divinité, comment toutefois admettre que les seize religieuses qui la suivaient partout, durant l'extase, afin d'écrire exactement sous sa dictée, aient pu, sans frémir d'épouvante et de pudeur outragée, entendre un tel langage et le reproduire avec la plume ? Et comment l'aumônier de ces nonnes, comment le confesseur de Marie-Madeleine et de toutes ses consœurs a-t-il pu se rendre le responsable éditeur de pareils *ravissements?* Comment les supérieurs des couvents les ont-ils mis aux mains des religieuses dont ils avaient la direction spirituelle ? Et comment aussi les évêques en ont-ils autorisé la publication? Comment l'Index papal n'en a-t-il pas proscrit la lecture, et la simple possession, sous les peines les plus graves? Comment le supérieur-général des bénédictins de la Congrégation de France avait-il chargé l'un de ses novices, âgé de vingt-cinq ans, de les traduire en francais, de l'italien, pour en répandre ainsi la traduction dans tous les couvents de France? Enfin, comment les soi-disant *pieux* jésuites Bollandistes ont-ils édité ces extravagantes polissonneries dans un but d'édification ? C'est vraiment à n'y rien comprendre.

Quoi qu'il en soit, ces choses abominables sont le fruit naturel de la *Confession auriculaire.* Evidemment le confesseur et la pénitente y *nagent*, ou plutôt y *pataugent* ensemble en plein bourbier de l'ordure morale, au moyen d'un langage ignoré des hommes du monde, heureusement pour eux, mais trop bien connu du prêtre astucieux et lubrique, ainsi que de la dévote acharnée aux choses licencieuses, qui sont pour elle un appât séduisant dès qu'elles lui viennent d'un prêtre, attendu qu'elle croit ce célibataire entièrement à elle, et qu'elle est assurée absolument de sa discrétion.

Pour me limiter, faute à la fois de temps et d'espace ici, je vais terminer ce qui concerne les faits immoraux résultant de la *Confession* dans les couvents de femmes, en vous disant un mot d'une

Congrégation appelée : « *Les Bien-aimées, ou Sœurs*
« *de Jésus, Le Dilette, o Sorelle di Jesu.* »

Elles furent établies, par l'ex-jésuite Paccanari,
dans les Etats du Pape, avec le secours de l'archi-
duchesse Marie-Anne, fille de l'empereur Léopold,
laquelle fournit aux dépenses tandis que l'ex-Père
Paccanari fut le directeur spirituel. C'était le loup
dans la bergerie. Aussi Pie VII se vit-il réduit à
faire enfermer à perpétuité ce lubrique, abusant
des bien-aimées, des *Sœurs de Jésus*, ses pénitentes,
qui pensaient devenir plus aimées de Jésus en se
rendant les épouses naturelles de son représentant
Paccanari.

Mis en liberté par le général Miollis, gouver-
neur des Etats-Romains, Paccanari fut traduit,
pendant l'occupation française, en police correc-
tionnelle, pour attentat à la pudeur sur la personne de son domestique.

Il me serait aisé de vous citer un nombre prodigieux de faits semblables à ceux que je viens de
relater ; mais ces échantillons suffisent, je pense,
à montrer quelle espèce de christianisme et de soi-
disant perfection religieuse on peut en venir à pra-
tiquer au sein des couvents, où la *Confession auri-*
culaire est de règle absolue et stricte une fois au
moins par semaine

Or, ce qui se passe au couvent se réalise aussi
dans le monde.

En vérité, quel besoin est-il de prouver que ce
mystérieux tête-à-tête d'une belle jeune personne,
ou fille, ou veuve, ou mariée, avec un célibataire
avant tout bien nourri, mais sevré des caresses
d'une épouse aimée, est une occasion de péril im—

minent pour la chasteté du confesseur et de la pénitente ? En effet, quand celle-ci confie à celui-là ses peines de cœur, ses pensées intimes, ses désirs les plus ardents, n'est-il pas, dans une communication pareille, un aimant irrésistible attachant les deux cœurs, l'un par la confiance, et l'autre par la consolation et le pardon ? De là, bien vite, un réciproque amour, d'autant plus violent qu'il est gêné tant par le célibat forcé du confesseur que par le désespoir de la femme inhabile à devenir son épouse honorée. Or, de ce violent amour à la chute matérielle y a-t-il loin ? Non, répond l'expérience. Et, d'ailleurs, déjà cet amour est par lui-même une chute.

Et qui donc, je vous prie, aime mieux la Confession, si ce n'est la jeune fille nubile, ou la jeune veuve, ou la jeune femme mariée, les unes et les autres réputées pieuses ? Voyez ce qui se passe en tous lieux :

Quel est le confesseur de leur choix, sinon le plus aimable et plus gracieux des jeunes prêtres du pays ou du voisinage ? Or, s'il ne s'agissait que d'une absolution, pourquoi choisiraient-elles leur confesseur, au lieu de s'adresser au premier venu ? Pères et maris, veuillez y réfléchir sérieusement : la chose en vaut la peine.

Un confesseur lubrique en arrive, avec un peu d'adresse, à peu près toujours à ses fins; du moins avec plus des trois quarts de celles de ses pénitentes qu'il lui conviendra d'avoir à sa disposition. Chacune d'elles, se croyant sa bien-aimée unique, est prête à se livrer à lui frénétiquement.

Mais ce n'est pas toujours le confesseur qui tend

ses lacets à la pénitente. Au contraire, et cela dans les villes plus qu'à la campagne, il est vrai, le plus souvent c'est la pénitente allurée et dégourdie en dépit de ses pratiques de piété, qui vient solliciter le prêtre au confessional, après l'avoir amorcé déjà par des cadeaux de toute espèce. Elle a commencé par lui broder un rochet, une aube, une étole. Elle a donné des honoraires de messes au-dessus du tarif, pour être expressément célébrées par *lui-même*, à *telle heure*, à *tel autel*, en sa *présence*, et la pénitente affectueuse aura le bonheur d'y communier de *sa chère main*. Puis, voici ce qui se passe, au confessional, dans une infinité de cas:

1° Si la pénitente amoureuse est *célibataire*, après l'aveu de peccadilles d'une insignifiance achevée et propres à montrer au confesseur émotionné la naïve candeur de *son enfant en Jésus-Christ*, telles que des distractions involontaires dans le récit de prières vocales, des oublis de bénédicités, de grâces, avant et après le repas, d'*Angelus*, etc , etc., la rusée *enfant spirituelle*, habile en naïvetés préparées d'avance, en vient au but secret qui l'amène au confessionnal.

— *Mon Père*, a-t-elle soin d'accentuer avec tendresse, aidez-moi, je vous prie, en me questionnant. J'ai sur la conscience un cas dont je n'ai pas le courage, en vérité, de vous dire un mot.

Le confesseur, habitué qu'il est à ces détours féminins, comprend aussitôt ce dont il s'agit.

— Allons, dit-il, prenez votre courage à deux mains. Auriez-vous eu le malheur de vous livrer à des actes impurs avec une personne d'un sexe différent du vôtre ?

— Oh! non, *mon Père*, il n'y a pas eu d'*acte* en-core ; il n'y a que pensée, inclination très-forte en moi, puis, tendresse infinie et désir au degré su-prême.

— Eh bien, c'est une tentation de la chair. Il faut y remédier par la prière ardente, ainsi que par l'abstinence et le jeûne.

— Un feu brûlant me dévore et le jeûne est im-puissant à l'éteindre, il ne fait que l'irriter. Je ne puis prier, car je pense uniquement au bien-aimé de mon cœur. La prière entretient ma flammé et la rend plus pétillante. Aussi, je ne vois plus au-cun remède à ma situation. Me voilà donc con-damnée au malheur, au désespoir. *Votre enfant, ô mon Père! est perdue à tout jamais.*

— Que dites-vous là ? C'est insensé ! Le remède est trouvé ! Saint Paul vous l'indique en disant : « *Mieux vaut se marier que brûler,* » Vous n'avez, pauvre enfant, qu'à révéler votre inclination si violente à vos excellents père et mère; ils consen-tiront — au besoin je vous prêterais mon influence auprès d'eux — à vous établir avec le préféré de votre cœur. Ainsi, prenez courage et ne vous alar-mez pas.

— La chose est impossible, ô *mon bon Père!* Hé-las ! Celui que je chéris n'est pas libre.

— Eh quoi ! Malheureuse, imprudenté enfant ! Vous aimez un homme marié ? C'est criminel au-tant qu'insensé. Cet homme ne peut user de réci-procité sans violer la foi conjugale, et c'est vous qui le rendriez infidèle ? Allons ! allons ! brisez-moi sur-le-champ cette affection coupable ! Afin d'en détourner votre esprit, cherchez vite un célibataire à qui vous puissiez vous attacher comme épouse honorée et tendrement chérie.

— Oh ! *mon Père* ! il n'en est pas ainsi. Celui que j'affectionne est célibataire et non marié ; mais il n'en est pas plus libre. Il a juré de ne point contracter mariage. Or, je raffole absolument de lui. Mes rêves en sont remplis. Le soir, avant de m'endormir ; le matin, au moment du réveil, je l'appelle à moi ; je le serre, en imagination comme en désirs, dans mes bras et sur mon cœur. Quand je le sais à l'église, alors j'y cours pour l'admirer, le contempler, l'embrasser en pensée, et je crois voir en sa personne un ange incarné, prosterné devant le tabernacle, absorbé dans l'adoration de Dieu.

Je voudrais donner ma fortune entière avec mon cœur à cet ange adoré de moi, qui, pour mon malheur, s'est fait prêtre. Or, dois-je ici vous le dire, *ô mon Père !* afin de vous mettre en état de compatir à ma douleur et de juger si vous y voyez un remède efficace et réel ? Ou bien dois-je le cacher au dépositaire sacré de tous mes secrets, de tous mes plus intimes désirs, à mon confesseur ? Donnez-moi là-dessus votre avis, je vous en supplie au nom de Dieu !

— Ma chère enfant, je compatis à votre position ; parlez donc en toute confiance à votre dévoué directeur spirituel.

— Eh bien, *mon cher Père* et directeur, *celui que je chéris éperdument,* c'est... c'est... c'est VOUS-MÊME !!!

Maintenant, lecteurs, comprenez-vous la situation de ce jeune prêtre en face d'une déclaration pareille ? Et croyez-vous que des cas semblables à celui-ci soient fort rares et tout à fait exceptionnels ? Ils sont très-multipliés et de tous les jours. Plusieurs centaines de prêtres, parmi les vingt mille et plus que j'ai visités, m'en ont raconté d'analogues. Quant à ce dernier, nul n'a le droit de le contester ; j'en parle en ma qualité de témoin, puisque c'est à moi que la chose est arrivée. Ayant passé la tête hors du confessional et m'étant assuré que personne alors n'était à l'église, il me fut aisé, *sans révéler la confession*, même *indirectement*, de renvoyer la tentatrice en la couvrant de confusion, en lui jetant le guichet au nez, après ce discours :

— « Vous m'avez pris pour un mauvais prêtre, « heureux d'écouter vos folles déclarations et de se « prêter à vos criminels desseins ; vous vous êtes « bien illusionnée à mon sujet. Ne vous représentez « plus jamais à moi ; je refuserais de vous entendre. »

2° Si la pénitente amoureuse est *veuve*, oh ! le confesseur aura beau jeu. La seule chose à redouter, pour l'un et pour l'autre, est le scandale. Ils prendront adroitement leurs précautions dans ce but unique ; feront disparaître, au besoin *per fas et nefas*, le fruit malheureux de leurs sacrilèges amours. C'est ainsi qu'ils mèneront ensemble une vie absolument désordonnée à l'intérieur : Les faits journaliers de tous pays confirment ce que j'avance ; il me serait superflu de m'étendre ici sur pareil sujet. Qui donc ignore aujourd'hui que les veuves dévotes sont généralement courtisées par leur confesseur, si bien instruit sur leurs inclinations ?

3° Si la pénitente amoureuse est *mariée* et *sans enfants*, elle s'y prend ainsi :

— Je suis bien éprouvée, *ô mon bon Père* !

— Et comment donc, *ma chère enfant* ? Vous êtes

riche, honorée aux yeux du public, et traitée avec
grands égards par votre excellent mari !

— C'est vrai, *mon bon Père* ! Aux yeux du monde,
il ne me manque absolument rien. Mon mari prend
de moi tous les soins désirables ; je jouis de la plus
belle santé. Mais si vous saviez ce qui se passe au
fond, dans notre intérieur, dans nos relations ma-
ritales intimes, ah ! que vous me trouveriez à
plaindre !

— Eh quoi! devriez-vous subir des conditions
humiliantes dans l'accomplissement du devoir
conjugal?

— Rien de pareil, *mon bon Père*, et je me suis mal
expliquée à ce sujet, puisque vous ne m'avez point
comprise.

— Eh bien, parlez ouvertement si vous tenez à
me mettre en état d'apprécier votre situation.

— Voici donc. Mon mari ne s'approche aujourd'hui
plus de moi qu'avec indifférence et quand je le pro-
voque, indirectement du moins. Je ne vois plus
chez lui ces tendres effusions de cœur de nos premières années de mariage. Il m'a fait, tout au contraire, entendre assez souvent et clairement qu'il est
malheureux d'avoir pris une femme stérile, et qu'il
donnerait volontiers la meilleure partie de ses biens
pour avoir un enfant. Une fois, *mon Père,* attristée
et confuse au-delà de ce que je pouvais supporter à
cet égard, j'ai fini par lui dire avec amertume :

— Eh bien, mon ami, va trouver une belle et ro-
buste fille de la campagne à qui tu feras produire
un enfant de tes œuvres. Tu l'adopteras pour ton
fils, ou plutôt pour le nôtre, et je serai bien heu-
reuse, assurément, de te voir heureux toi-même, et

non plus maussade avec moi dans l'intimité. Je serai seule avec toi dans le secret, et nous élèverons ton fils comme s'il était également le mien.

Piqué jusqu'au vif, il ne m'a plus reproché ma stérilité ; mais, toutefois, il use à mon égard de la même froideur.

Cependant, *mon Père*, un remède est possible, et je le connais.

Ayant consulté le médecin de mon mari, qui l'a soigné dès son adolescence et plusieurs fois déjà depuis que nous sommes unis, ce médecin m'a formellement affirmé que mon mari seul est impuissant, mais que je ne suis point stérile et que je puis fort bien concevoir et devenir mère avec un autre homme. Or, pensez-vous que je ne puisse, en conscience, afin de nous rendre heureux tous deux, mon mari lui-même et moi, demander service à l'homme honorable en qui j'aurais confiance et vers lequel je me sentirais attirée, enfin, de la discrétion duquel je serais tout à fait sûre. En donnant un enfant de cet homme à mon mari, je ne fais tort à nul de nos autres enfants, puisque nous n'en avons point. Je ne fais pas tort à mon mari lui-même ; il sacrifierait la moitié de ses biens pour avoir un rejeton. Je ne ferais donc que le rendre heureux, et moi-même avec lui. Ma conscience est bien formée à cet égard dans le sens affirmatif. De votre côté, qu'en pensez-vous, *mon Père* ?

Et que répondra le confesseur ?

S'il est vertueux et ferme — il en est quelques-uns — il lui tiendra ce discours :

— Pour rien au monde il ne faut tromper votre mari ; vous lui devez *fidélité jusqu'à la mort !*

Mais s'il est corrompu lui-même — et les confesseurs immoraux sont en trop grand nombre — il lui dira :

' — *Ma bien chère enfant*, votre situation est réellement exceptionnelle, et je ne vois aucune offense de Dieu, mais, tout au contraire, un très-grand acte de charité dans l'action dont vous me parlez. Votre intention est très-pure. Il s'agit de rendre heureux votre mari, de contenter son plus grand désir : celui de posséder de vous, sa légitime épouse, un rejeton qu'il croira le sien. Il va se trouver doublement heureux en voyant aussi que vous n'étiez pas stérile ainsi qu'il le croyait. Ses premières affections vont renaître, et vous serez tous deux au comble du bonheur. Ainsi, je crois pouvoir, au nom de Dieu dont je suis le représentant, autoriser l'accomplissement de vos désirs. Mais soyez prudente au sujet de l'homme auquel vous croyez pouvoir en toute sûreté vous livrer corporellement. Il en est tant qui, sans égards pour la femme avec laquelle ils ont eu des relations, s'en vantent tout haut.

— Celui-là ne le fera pas, *mon cher Père*. Oh ! non, je saurai me l'attacher par tant de bienfaits, par une si tendre affection, qu'il ne saurait me trahir, outre qu'il est de la plus parfaite honorabilité. Me permettez-vous de le nommer ici sous le secret sacramentel ?

— Parlez, *ma chère enfant*. Si je le connais, je vous donnerai mon avis touchant sa discrétion.

— Eh bien, c'est à vous, *mon Père aimé*, que j'ai le bonheur de m'adresser en toute confiance et sécurité. Rendez-moi mère et vous nous comblerez de bonheur, mon mari d'abord, puis moi-même.

Croyez-vous, lecteurs, que le confesseur voluptueux va résister une minute à sa riche pénitente ?
Allons donc !

4° Si la pénitente amoureuse et dévote est *mariée
et mère de famille*, à la première querelle un peu
grave avec son mari, surtout en matière religieuse
ou relative à l'éducation des enfants, que l'irascible
dévote aura la prétention de diriger à son gré, vite
elle ira se plaindre à son confesseur de la prétendue
impiété de son mari perdant l'avenir éternel de
leurs chers enfants. Le confesseur approuvera sa
plainte ; il consolera l'épouse éplorée ; il lui dira que
le meilleur moyen de triompher de son mari, re-
belle à ses légitimes exhortations, est de lui refuser
net le devoir conjugal. La pénitente alors alléguera,
tout en soupirant amoureusement, que son tempé-
rament propre exige, hélas ! sous peine de souf-
frances physiques et morales extraordinaires, qu'elle,
aussi, soit de temps en temps satisfaite, au moins
deux ou trois fois la semaine, et qu'elle ne saurait
se priver en cela de son mari sans trouver dans un
autre une compensation qui ferait sa joie.

A ces mots, le *Père spirituel*, assuré qu'il ne sera
point refusé par sa tant *chère fille en J.-C.*, s'offre
avec charité chrétienne à satisfaire entièrement les
besoins impérieux de sa pénitente, et voilà comment celle-ci, consolée, appuyée et contentée en
tout par le voluptueux confesseur, peut soutenir,
contre son mari trompé par elle, une guerre intes-
tine et durable, et qui finit souvent par le scandale
et la séparation.

5° Si la pénitente est une *fillette encore impubère*,
et de figure ainsi que d'allures gracieuses, le con-

fesseur va lui faire une série interminable de questions plus ou moins lubriques, soi-disant pour l'aider à n'oublier aucun de ses péchés en confession,
mais, en réalité, pour sonder la fillette au sujet de
ses inclinations naissantes. Le prêtre imprudent,
sinon cynique, attirera l'attention de la fillette sur
des choses qu'elle était loin de soupçonner encore.

Il est des misérables qui, pour préparer des fillettes de dix à douze ans à devenir, impunément
pour eux, leurs maîtresses ardemment affectueuses
et dévouées quand elles auraient dix-huit à vingt
ans, ont mis huit années de contention soutenue et
de cadeaux précurseurs. Ils ont atteint leur but.

Si le pénitent, tout au contraire, est encore un
enfant impubère, un petit garçon de huit à treize
ans, de quelles questions inquisitoriales ce pauvre
enfant n'est-il pas obsédé par son confesseur, auquel il aura pourtant déclaré si naïvement tout ce
qu'il avait sur la conscience ? Est-il beaucoup de
mes lecteurs déjà pubères qui n'aient subi de ces
interrogations malsaines, les mettant sur le chemin
de la démoralisation et du vice, au lieu de les mener dans celui de l'honneur et de la vertu ? Vous
tous qui me lisez, rappelez-vous ce que vous a dit
votre confesseur, au sujet du sixième commande-
ment, sous le prétexte assez plausible, et trop fal-
lacieux, hélas ! de vous aider à faire une bonne confession générale avant votre première communion.
Ne vous a-t-il pas appris des façons de pécher que
vous ne connaissiez pas ? Si vous avez eu ce bonheur, votre confesseur était donc du petit nombre
de ces prêtres honnêtes et moraux dont le cœur
droit répugne à se livrer aux interrogations obscènes

prescrites aux confesseurs par les ignobles *Manuels*
de Mr Bouvier, évêque du Mans, du Père jésuite
Gury, du Père trappiste Debreyne et d'une foule
d'autres théologiens orduriers. Mais les neuf dixiè-
mes des confesseurs se délectent à poser des questions saugrenues à l'enfant naïf, innocent.

Je ne m'étendrai pas davantage en pareille matière. A quoi bon ? Ce que je dis n'est que trop soli-
dement établi. Ceux-là seuls qui veulent absolument nier l'évidence en cela, comme en tout ce qui
peut ébranler leur système arrêté d'avance, ou leur
parti-pris de se moquer de la justice et de la vérité
pour continuer à vivre impudemment dans l'hypocrisie et l'immoralité, s'insurgeront contre mes
assertions ; mais le bon sens public les appuiera
toutes, parce qu'il les reconnaîtra conformes, hélas !
à la stricte vérité.

Je m'arrête ici, pères et mères, et me borne à
vous recommander instamment de réfléchir au
danger sérieux que vous faites courir à vos enfants
impubères en les envoyant à confesse.

— Il le faut bien, direz-vous, puisqu'ils ne pourraient, sans cela, faire leur première communion.

— Vraiment ! vous répliquerai-je à mon tour ; il
le faut ? Je n'en vois point la nécessité. Tout au contraire, il me paraît évident qu'un but exigeant l'emploi de moyens *immoraux* ne peut être, au fond,
qu'*immoral* lui-même. Or, si la Confession, dont je
vous ai montré le caractère immoral, doit précéder
la première communion, c'est que la première communion est également une institution mauvaise.
Aussi j'établirai cette assertion dans un traité spé-
cial. Maintenant, je passe à la dernière conférence.

QUATRIÈME CONFÉRENCE
LA CONFESSION AURICULAIRE EST ANTISOCIALE

De quels éléments se compose la société ?

De ces trois-ci : l'individu, la famille et le gouvernement.

Eh bien, la *Confession auriculaire* est fort nuisible à tous les trois. Elle avilit évidemment l'individu qui s'y soumet ; elle cause à la famille, en général, de notables préjudices ; elle oppose aux gouvernements les plus solides des entraves permanents et sérieux. Sous ces trois rapports, elle est donc antisociale, ou contraire aux intérêts de la société. De là trois points dans cette quatrième et dernière conférence.

PREMIER POINT.

La Confession auriculaire avilit l'individu.

Est-il rien de plus avilissant que d'aller se dégrader soi-même au point d'avoir à rougir de sa propre personne ? Eh quoi ! vous allez révéler vos faiblesses à l'agent d'un pouvoir ténébreux, inquisitorial, uniquement fondé sur le mensonge ; et qui ne cherche ainsi qu'à rendre esclaves, dans son intérêt particulier, tous les esprits faibles acceptant sa direction impérieuse ? Eh quoi ! vous allez vous diffamer, de votre propre bouche, auprès de ceux qui ne demandent qu'à profiter de ces aveux humiliants pour vous dominer ensuite à leur guise, attendu que vous leur avez livré la place en leur en dévoilant tous les coins et recoins ? Mais, une fois que vous avez tout dit à votre confesseur, vous devenez sa

chose à lui, sa propriété ; vous ne vous appartenez
plus à vous-même.

Ainsi, mari, quand votre épouse est allée à confesse, a révélé sans scrupule à cet homme étranger à la famille, à cet habillé de noir, ses pensées les plus secrètes, ses désirs les plus cachés,
ses sentiments les plus intimes, que vous ignorez
vous-même, auriez-vous donc la simplicité de penser que ladite épouse est, de *corps*, d'*esprit* et de
cœur, à vous seul sans réserve ? Elle appartient, au
moins d'*esprit* et de *cœur*, je vous le déclare, à son
confesseur *avant tout. Lui seul* est le confident de
ses pensées, de ses désirs, de ses affections. Elle
s'est, la plupart du temps, avilie en qualité de
votre épouse, espérant se relever, se rehausser
peut-être en tant qu'amante éperdue, et chérie à
son tour, du prétendu remplaçant de Dieu, prêt à
l'absoudre aussitôt des péchés qu'elle aura commis
avec lui. Peut-être aussi croira-t-elle avoir, en se livrant à son cher directeur, fait même un acte de
la vertu de charité !

Quant à vous, femme, est-ce que vous ne sentez
pas que votre mari se dégrade en faisant connaître,
au dehors du foyer conjugal, jusqu'aux plus intimes
relations de l'alcôve à ce célibataire involontaire ou
forcé qui, sachant vos inclinations personnelles, vos
complaisances, vos répugnances, vos désirs, par la
confession de votre mari lui-même, arrivera bien
aisément à ses fins sur vous pour satisfaire un jour
sa lubricité mal contenue ? Oui, votre mari se dégrade et vous dégrade également par la *Confession
auriculaire.*

Et, d'ailleurs, à qui, le plus souvent, va-t-on se

confesser ? A quelque débauché, corrupteur de l'innocence, et qui, pendant que le pénitent s'accuse avec la bonhomie ou naïveté d'un niais, rit à cœur joie, sous cape, de son candide, en songeant qu'il en a fait *bien d'autres* lui-même, et *sans scrupule*.

Ou bien, la femme ouvre son cœur à quelque prêtre, ou jeune, ou vigoureux, palpitant de désirs, interrogeant sa belle pénitente à dessein de découvrir ses inclinations les plus intimes, et, quelquefois, d'exciter dans son cœur une passion effrénée à son égard.

Ou bien, vous le savez déjà, c'est la femme elle-même, astucieuse et passionnée au dernier degré, qui cherche à séduire, à s'attacher invinciblement ce confesseur prêt à la dédommager de son affection maritale *oubliée* et *trahie*.

. A ceux qui m'allègueraient ici que de tels malheurs sont rares et que l'on ne s'en va point supprimer l'usage du vin pour l'abus qu'en font les ivrognes, je répondrai que la comparaison, loin d'être adéquate, est essentiellement en défaut. L'usage du vin, presque général aujourd'hui, fait du bien à tous les gens sains, et même aux malades sachant en user avec modération, chacun selon ses besoins personnels. Il ne fait de mal qu'aux ivrognes, lesquels s'en ingurgitent avec excès. Mais, sur mille personnes buvant du vin, l'on en compte au plus dix qui le prennent immodérément. C'est d'ailleurs leur faute unique ; elles ne devraient pas en user au-delà de leur nécessaire. Alors, bon par lui-même et réparateur des forces perdues, ce vin leur serait utile et profitable, au lieu de devenir nuisible. Il n'en est pas ainsi de la *Confession auriculaire*.

D'abord, elle est *mauvaise en elle-même*, étant profondément immorale, ainsi que vient de l'établir ma dernière conférence. On ne peut donc la comparer justement avec le simple *abus d'une chose excellente.*

Ensuite, vous le savez également, ce n'est pas toujours le confessé, tant s'en faut! qui fait de la *Confession* un abus tournant à sa ruine, à sa dégradation morale, à son asservissement ; c'est aussi le confesseur, soit imprudent, soit astucieux et perfide, usant de ce moyen pour attirer les simples dans ses filets à courtes mailles, dans ses hameçons habilement déguisés. Reportez-vous aux pages 32 et 33 de mon traité du *Célibat ecclésiastique,* où l'on voit un Père jésuite apprenant à trois cents prêtres jurassiens, assemblés en retraite à Lons-le-Saunier, que 99 sur 100 violent leur vœu de continence avec leurs pénitentes, filles, veuves, mariées. Est-ce que ces 99 prêtres sur 100, corrompant des femmes ou s'en laissant corrompre aisément, peuvent être ainsi comparés aux ivrognes, lesquels se trouvent, au contraire, *un* seulement sur *cent* buveurs? Tandis qu'un ivrogne *abuse,* en buvant trop, *d'une chose excellente;* et que 99 buveurs en *profitent* par un usage utile et modéré; tout au plus un confessé sur cent retirera-t-il de la *Confession* un mince avantage, au lieu que 99 y trouveront un très-notable préjudice. Un *bien fort rare,* et *profitable à peu,* saurait-il l'emporter sur *un mal universel?*

La plupart des individus qui se confessent fréquemment, avec sincérité, sans hypocrisie et sans réticence, avec la conviction que, de la sorte, ils obtiennent sûrement le pardon de leurs fautes, finissent par se crétiniser dans l'abjection. Ces gens-

là n'ont plus de conscience indépendante ou personnelle. Ils ont besoin d'avoir l'avis de leur confesseur pour savoir si tel acte est bon ou mauvais,
licite ou défendu, méritoire ou punissable. On dirait
que le sens moral est éteint chez eux. Ils n'ont plus
que l'obéissance servile aux directions intéressées
du prêtre. Impuissants à réfléchir, à fonder un ar-
gument personnel sur la raison, sur l'histoire ou
sur l'Evangile, ils ne veulent rien voir que par les
yeux de leur confesseur. Répétant comme un per-
roquet les lieux communs apportés par les prêtres
aux abois qui veulent défendre avec subtilité leur
système ourdi par la ruse, entretenu par le mensonge, ils sont tout de suite à bout lorsqu'un intelligent contradicteur, ayant sérieusement étudié la
question, cherche à la leur faire envisager sous son
vrai jour, et non telle que la leur avait exposée un
confesseur ayant intérêt à les maintenir dans l'ignorance et le faux. Mais, ne pouvant répliquer aux
raisonnements serrés de l'adversaire, ils ne se rendent pourtant pas à l'évidence, à la force entraînante
de la vérité. Tout au contraire, à l'instar des hiboux,
des chats-huants, de tous les oiseaux de nuit qui
fuient la lumière offusquant leurs yeux, ces amis
du confessionnal, où tout est mystère et machi-
nations, se réfugient niaisement sous la *science
profonde* et la *prétendue infaillibilité* de leur confesseur et directeur, lequel est *un sot* s'il n'est pas *un
fourbe !* Ils vous disent d'un air triomphal : « Vous
« êtes plus instruit que moi, je le sais bien ; mais,
« si vous raisonniez avec M. le curé, délégué de Mgr
« l'évêque, alors que Sa Grandeur est en commu-
« nion de doctrine avec Notre-Très-Saint-Père le

« Pape, en ce cas, vous trouveriez votre maître.

Allez donc essayer de démontrer à ces crétinisés du confessionnal que l'évêque et le pape, autrefois coulés dans le même moule où fut coulé leur confesseur, ne sont eux-mêmes que *des idiots*, ou *d'abominables farceurs !* Ce confessé, stupidement ébahi, va se boucher les oreilles et s'écrier que vous blasphémez la sainte religion, comme si celle-ci pouvait s'allier avec les mensonges de ses prétendus ministres, qui *la foulent aux pieds!*

Ainsi donc, la *Confession auriculaire* avilit non-seulement le caractère et le cœur de l'individu qui s'y soumet avec servilité, mais elle avilit son esprit, son intelligence, en l'atrophiant, en détruisant son indépendance et, partant, son activité propre. Elle *n'avilit pas simplement* la conscience individuelle, elle la *détruit de fond en comble.*

En effet, qu'est-ce que la conscience? Elle est, avant tout, par dessus tout, ce *sentiment intérieur par lequel chacun juge au-dedans de lui-même, indépendamment du sens d'autrui, ce qu'il croit vrai, juste, honnête,* en un mot, *moral.*

Eh bien, le confessé ne pouvant rien apprécier *par lui-même* en fait de doctrine, ou religieuse, ou morale, est, qu'il le veuille ou non, un *être absolument privé de conscience,* attendu que cette dernière est, par essence, *individuelle, indépendante* ou *personnelle.* Accepter un directeur de conscience est donc *perdre en réalité la sienne.*

Il serait superflu d'aller plus loin dans l'exposition de cette vérité, savoir : que la *Confession auriculaire* avilit absolument l'individu *sous tous les rapports.* Ce que je viens de dire est bien suffisant pour en persuader tout lecteur de bonne foi. Déshonorer d'abord le pénitent, puis le priver de sa conscience ou de la liberté de tout apprécier par lui-même, est-ce que l'on peut imaginer quelque chose de plus avilissant ? Non. Donc je passe au second point.

SECOND POINT

La Confession est préjudiciable à la famille

En effet, puisque la famille est un composé d'individus, du père et de la mère ainsi que de leurs enfants, dès que la *Confession auriculaire* avilit ces divers membres formant la famille, il est clair que celle-ci toute entière est victime, en cela déjà, de ladite *Confession*.

Mais, de plus, considérez, pères et mères, d'autres résultats non moins pernicieux.

Vous qui preniez, avec tant d'amour, toutes les précautions imaginables pour sauvegarder à vos jeunes filles leur belle et naïve candeur, reflet de la pureté virginale, assurément vous étiez loin de penser que, tôt ou tard, elles reviendraient du confessionnal très-expertes dans ce que vous teniez à leur laisser ignorer jusqu'au jour de leur mariage. Il vous semblait que, pour en être à la fois plus *estimée, aimée et tendrement chérie*, il fallait que chacune de vos filles offrît à son époux, non pas simplement *un corps vierge*, intact de toutes profanations grossières inspirant le mépris et le dégoût, mais encore *une imagination pure* et non dévergondée, *un cœur rempli tout entier de la seule affection* de son bien aimé légitime, et non point un cœur *partagé, divisé* par de coupables ou de frivoles amours.

Or, si vous laissez vos filles hanter le confessionnal,
serez-vous certains de les conserver dans cette heu-
reuse innocence où vous désiriez tant les maintenir ? Serez-vous certains de pouvoir les guider vous-
mêmes dans le choix d'un mari ? Cela, pourtant,
vous intéresse au plus haut degré, puisque ce mari
devient votre gendre et, pour ainsi dire, un fils
adoptif. Non, mille fois non. Avec le confessionnal,
ce n'est plus vous qui vous entendez avec votre fille
afin de choisir un fils d'adoption ; c'est le confesseur,
souvent complice intéressé du jeune homme, et,
quelquefois, séducteur de votre fille à votre insu,
qui vous impose adroitement un gendre, un trompe-
l'œil, sous la responsabilité duquel il continuera,
même après le mariage, une vie absolument déréglée
avec votre enfant qu'il a su pervertir. longtemps
d'avance, afin d'en jouir sans danger quand elle aura
cessé d'être fille et de rester sous votre tutelle.
Ignorez-vous combien d'unions, plus ou moins as-
sorties, sont tramées dans les confessionnaux à
l'insu des parents trop confiants, contre leurs in-
tentions bien connues, au détriment de l'un des
contractants, et, souvent, des deux à la fois, en liant
ainsi deux caractères antipathiques ?

A la suite du confessionnal, grand nombre de
filles ont, sans mot dire, abandonné le foyer paternel et le giron d'une tendre mère, afin de se jeter
dans les bras d'un inconnu.

D'autres se montant la tête, au contraire, à la voix
d'un confesseur fanatisé, mystique, ont cru bien
faire en délaissant, sur leurs vieux jours, un père,
une mère inconsolables, pour se réfugier dans un
couvent d'où, plus tard, elles ne pouvaient sortir sans

une déconsidération qu'elles n'ont pas eu le courage
heureux de braver. Au lieu d'une vie utile et labo-
rieuse elles ont été, par le confessionnal, jetées en
plein dans la stérile oisiveté du cloître.

Et, d'ailleurs, n'est-ce donc pas de la *Confession*
que découlent le plus grand nombre des discordes
au sein des familles ? Le confesseur ne veut-il pas
y dominer à tout prix ? Or, que se passe-t-il ? Où le
mari, faible de caractère et préférant la paix à sa
dignité d'homme offensée, abdique alors son autorité d'époux et de père ; ou bien, justement jaloux de
ses droits et tenant à les faire respecter, il veut opposer une digue efficace à ce torrent dévastateur
de l'influence occulte exercée à son détriment dans
le confessionnal. Eh bien, jugez, lecteurs, les conséquences de ces attitudes opposées l'une à l'autre,
et toutes les deux fort préjudiciables.

Dans la première, évidemment le père et mari
n'est plus maître chez lui ; c'est le confesseur qui,
par la femme et les enfants, dirige à son gré toutes
les affaires. Il se place au lieu du chef de famille. Il
règle absolument la conduite de la femme au sein
du ménage et jusque dans les bras de son mari
même. Il dispose, en maître infaillible et souverain,
de chacun des enfants, après avoir présidé très-
souvent au prétendu *choix* de leur état, qu'il a su
lui-même imposer. Oui, dans les familles allant à
confesse, et dont le chef manque d'énergie et de
fermeté, c'en est fait de l'autorité paternelle ; on la
voit s'éclipser devant celle du confesseur. L'autorité
paternelle est néanmoins inscrite au Décalogue, où
celles du confesseur, de l'évêque et du pape lui-même
ont le sort de briller par leur absence, ô prétendus
ministres de Dieu, du Décalogue

Dans la seconde attitude, ou celle d'un père et mari bien résolu, selon son droit et son devoir rigoureux, à maintenir son autorité menacée ou méconnue, adieu la paix de la famille, adieu sa considération, adieu sa prospérité, qui demande une entente absolue entre l'époux et l'épouse, et, de rigueur, la soumission exemplaire de la dernière et des enfants au chef de famille. En si fâcheuse extrémité, résultat du confessionnal, le confesseur parle de l'époux à l'épouse, et du père aux enfants, comme d'un pauvre égaré, d'un malheureux impie et d'un futur réprouvé. La femme, alors, ayant recours aux consolations du confesseur, ne reçoit son mari qu'avec répugnance, ou refuse avec humeur de le recevoir dans ses bras. A leur tour, les enfants voient dans leur père un damné qui déjà commence à leur faire horreur. De la sorte, épouse et enfants exécutent sans amour, et comme avec regret, les ordres formels du chef de famille. Il n'est plus trace, alors, de cette ineffable joie et de cette enivrante satisfaction qui naît de l'expansion des cœurs. Le bonheur a fui loin du père, et, par réciprocité naturelle, il va fuir également loin de l'épouse insurgée et des enfants trompés, subissant le joug honteux du confesseur, cet ennemi mortel de la famille. En effet, furieux de ne pouvoir dominer l'époux et père intelligent et résolu, l'irascible et jaloux confesseur s'en venge avec haine et perfidie en soulevant contre lui sa femme et ses enfants, tout ce qu'il a de plus cher au monde. Alors, très-souvent, l'époux éperdu, le père outragé, fatigué d'une lutte incessante et si pénible à son cœur, ou devient hypocrite afin de recouvrer la paix extérieure, ou cherche au dehors des compensations à sa perte de la tendresse conjugale. En ce dernier cas, à qui la faute ? A qui la responsabilité devant la conscience ? Evidemment au confesseur d'abord, puis à la femme idiotement bigote, ou, peut-être, adroitement hypocrite, infidèle à son mari qu'elle trompe en se livrant aux caresses sacrilèges de son confesseur, de la discrétion duquel elle est si bien assurée.

Et voilà le motif le plus commun des refus, que font injustement subir à leur mari certaines prétendues dévotes, de ces tendresses légitimes qui sont, pour les deux conjoints, un devoir réciproque et rigoureux de morale à la fois chrétienne et naturelle.

Affligé de voir en lutte, au moins tacite, avec lui ses enfants, le père finit par les négliger, par les laisser aller à leur guise et sous la déplorable direction de leur mère acariâtre et soumise uniquement au prêtre. Alors, il leur témoigne à son tour une froideur glaciale.

Comptez, lecteurs, si vous le pouvez, toutes les familles désunies de votre connaissance, et que le confessionnal a plongées pour jamais dans la discorde et le malheur !

Que l'on suppute aussi (mais comment le faire, il y en a des millions) les familles spoliées, réduites à la détresse à la suite du confessionnal ! Combien de rusés confesseurs, exploitant l'esprit affaibli d'un moribond, l'ont fait tester au profit de l'Eglise ou du clergé, toujours en frustrant ses héritiers naturels et légaux ! La captation testamentaire opérée au détriment de la famille de Buck par les jésuites d'Anvers, captation qu'un procès de quatre années devant le tribunal de cette ville a rendue à jamais

fameuse, est un de ces incroyables faits de scéléra-
tesse à la charge de la *Confession auriculaire*. Il s'agissait là de six millions. Je n'en donnerai pas ici les
détails, parce que je les ai déjà donnés en abrégé
dans les pages 47 et 48 de ma conférence imprimée
ayant pour titre : « *Du Cléricalisme et des moyens*
« *de le terrasser*, » in-18 de 64 pages dont l'annonce
est au verso de la couverture du présent opuscule.

J'ai dit assez, je crois, pour établir que la *Confession auriculaire* est préjudiciable à la famille autant
qu'elle avilit d'ailleurs chaque individu, de tout
sexe et de toute condition, qui si niaisement en use.
Ainsi donc, je vais montrer qu'en outre elle oppose,
aux gouvernements les plus solides, des entraves
permanents et sérieux.

<hr>

TROISIÈME POINT
La Confession auriculaire est un obstacle
aux gouvernements.

Elle établit, au sein d'un peuple, une puissance
occulte incomparablement supérieure au pouvoir
civil qui s'exerce *à découvert ;* car elle établit la domination du clergé sur la conscience humaine.

Au moyen-âge, elle fut le principal ressort de la
machine papale, organisée à dessein de fonctionner
dans son intérêt unique, et contre les pouvoirs ci-
vils, même les plus forts.

Depuis son invention par le dominateur pontifical
le plus audacieux, Innocent III, elle a constitué dans
le monde une puissance formidable et la meilleure
des polices en faveur de la papauté despotique.

A cette police inquisitoriale, allant chercher dans
chacun les secrets de la conscience, y scrutant les

plis et replis du cœur humain, et surtout du cœur féminin, n'ont pu se dérober la plupart des souverains eux-mêmes. En effet, presque tous, avaient, soit, dans leur domesticité, soit dans le personnel de leur cour, soit au sein de leur famille, ou des femmes de chambre, ou des dames d'honneur, ou des proches parentes, et jusqu'à l'épouse elle-même, allant à confesse.

Alors, la *Confession auriculaire* entretenait par là des espions dans les palais, les antichambres, les cabinets et jusque dans l'alcôve des rois.

Quant aux positions sociales ordinaires, il est avéré que le confesseur exerce une influence énorme auprès des êtres les plus arriérés sous le rapport de l'instruction, les plus faibles par leur intelligence ou leur caractère, à savoir : les enfants et surtout la femme. En dépit de son défaut, en général, d'instruction et d'aptitude aux affaires, la femme a, dans la famille, une immense action. Les vieilles mères, les jeunes épouses, les petits garçons à peine adolescents, les tendres fillettes agissant naïvement sous l'adroite inspiration d'un rusé confesseur, prétendent sauver leur fils, leur mari, leur père, ou leur frère égaré, de la damnation éternelle, en le forçant par tous les moyens à se confesser. Rien n'est épargné dans ce but : adulations, caresses, sollicitations, prières ; puis, en cas d'insuccès, humeur insupportable, éloignements, reproches amers, mépris. Pour avoir la paix avec les siens, le récalcitrant finit par céder à la pression *morale*, ou plutôt *immorale*, exercée avec tant d'efforts contre lui. Voilà comment on le force à faire en tout la volonté du confesseur.

Mais celui-ci veut, *avant tout*, que les livres et journaux dévoilant les iniquités, mensonges, ruses et procédés antichrétiens des évêques, des prêtres, des moines et congréganistes des deux sexes, ne soient pas reçus dans la famille, attendu qu'alors elle ouvrirait les yeux sur les roueries dudit confesseur et du système abominable auquel il sert d'instrument. Chacun, par ces livres et journaux, pourrait reconnaître aisément la vérité de ces vers de Voltaire :

« Les prêtres ne sont pas ce que le peuple pense ;
« Notre crédulité fait toute leur science ! »

Le confesseur veut aussi que ces publications, interdites par lui, soient remplacées par des biographies de prétendus saints, par des relations de pèlerinages, par des récits de miracles opérés dans l'ombre et le secret, contes de fée à dormir debout. Il veut — et c'est un moyen de plus de remplir les caisses du clergé — que les brochures ou feuilles cléricales, ayant surtout des prêtres pour auteurs ou rédacteurs, soient les seuls moyens d'instruction, d'édification, de moralisation, mis aux mains des familles.

Le confesseur veut, de plus, qu'un petit garçon, doué d'intelligence et studieux, soit placé dans un petit séminaire au lieu de fréquenter le collège ou le lycée, et qu'il soit ainsi bourré d'instruction cléricale, afin qu'il puisse un jour, comme prêtre, ou moine, ou magistrat, ou n'importe en quelle autre fonction, corroborer autour de lui le cléricalisme. Il agit de même à l'égard des jeunes filles, en intimant aux mères de les confier à des religieuses pour en recevoir une instruction, une éducation soi-disant *chrétienne* et qui n'est, la plupart du temps, que l'*opposée du christianisme.*

Or, je vous le demande ici, sous l'égide, intéressée au dernier point, d'une direction pareille, est-il possible, en réalité, d'opérer une réforme sociale utile au peuple? Evidemment non. Le peuple en est réduit à subir l'esclavage, et du prêtre auquel il donne aveuglément sa confiance, et du gouvernement lui-même, auquel il ne veut pas prêter main-forte afin d'en être ainsi délivré de son plus redoutable ennemi : le *cléricalisme.*

Aujourd'hui que le gouvernement républicain a déjà commencé, sur plusieurs points, à secouer le joug du clergé dominateur, à le brider, à le tenir en laisse, il faut qu'il avise aux moyens de l'empêcher d'infiltrer, par la *Confession,* le poison subtil du mensonge et de l'erreur dans toutes les veines de la société. S'il ne les emploie au plus tôt, il devra se résigner à subir les inéluctables conséquences de son abdication tacite. Il devra se résoudre à devenir, *sous peu,* l'humble et très-obséquieux valet du clergé, qui reprendra son ancienne influence, un instant diminuée,

Et, d'ailleurs, pourquoi naguère a-t-on vu si souvent, pourquoi voit-on même aujourd'hui de temps en temps tels et tels hommes, d'abord tenus pour *très-libéraux,* qui, parvenus à la députation de leur pays, au Sénat, au pouvoir, soit comme ministres, soit comme secrétaires d'Etat, ont vite oublié leurs promesses de travailler de tout cœur aux réformes demandées à grands cris par leurs concitoyens et par eux-mêmes ? Si l'on veut y réfléchir, l'on découvrira que leur refroidissement, d'abord, que leur manque absolu de parole, ensuite, est le résultat final de l'influence occulte, et démoralisatrice au dernier degré, du confesseur astucieux sur l'épouse, ou la mère, ou la fille, ou la fiancée, ou la parente, ou la protectrice, ou l'amante du député, du sénateur, du secrétaire d'Etat, du ministre, attendant une succession, un bon service, une complaisance, hélas ! plus ou moins avouable au public, de la femme allant à confesse et qui, pour tel ou tel motif, le domine exactement comme elle est dominée à son tour par le madré confesseur.

Dès son origine *obligatoire* en 1215, la *Confession* fut un habile espionnage organisé contre toute la société par le clergé du pape.

En effet, dans les cas, *assez rares*, où le confesseur ne pouvait, d'une femme intelligente et résolue, obtenir les secrets de la famille, il arrivait alors à son but en interrogeant adroitement les jeunes garçons naïfs, les fillettes ingénues, qui ne se doutaient pas des conséquences terribles que le prêtre en pouvait tirer contre leur père ou leur mère, et, par conséquent, au détriment d'eux-mêmes, leurs enfants.

La puissance papale ayant eu, pour se maintenir, besoin de l'appui brutal des despotes, fit avec eux un pacte horrible et tacite, au moyen duquel ils se soutiendraient mutuellement dans leur œuvre inique, ayant pour but l'oppression de l'humanité.

Le despote avait mission de fournir gendarme et prison, exil, confiscation, torture et bûcher.

Le pape, en digne et consciencieux allié, fournissait l'espionnage et l'habileté de ses centaines de milliers de prêtres et moines haineux et fanatisés, ainsi que ses fameux tribunaux de la soi-disant *très-sainte Inquisition.* Tel était leur compromis :

« *Passe-moi la rhubarbe et je te passerai le séné.* »

L'épouvantable et désastreux résultat de cet infernal compromis entre les deux incarnations du mal, le despote et la papauté, ce fut que, subissant leur joug, l'humanité fut réduite à râler dans les fers et dans la dégoûtante immoralité d'une conscience éteinte, ou du moins enchaînée à l'arbitraire honteux du pontife ivre d'orgueil et de ses séïdes.

Si l'on peut juger, par l'honorabilité de la presque totalité de ses membres, et surtout par ses œuvres de bienfaisance et de progrès multipliées sur la surface de la terre, une association féconde en résultats heureux pour la société, c'est, à coup sûr, la Franc-maçonnerie. Or, il suffit à la papauté d'avoir entrevu que ladite association tendait à régénérer l'univers, pour lui destiner ses foudres. Elle s'est élancée avec fureur contre la Franc-maçonnerie, et sans savoir même en quoi celle-ci consiste.

On a vu tour à tour Clément XII, Benoit XIV, Pie VII, Léon XII, Pie VIII, Grégoire XVI et Pie IX déployer tous les efforts imaginables dans le but de l'anéantir par leurs bulles d'excommunication, appuyées d'odieuses calomnies.

Ces honteux moyens, le mensonge et la haine, auxquels la papauté livrée au désespoir n'a pas rougi de descendre, ont montré simplement sa rage impuissante, et relevé d'autant la vigueur morale, indomptable et sans peur, de cette intrépide et moralisatrice institution. D'ailleurs, n'est-elle pas fondée *avant tout* sur les principes tant prônés par le Christ : LIBERTÉ, ÉGALITÉ, FRATERNITÉ?

La Franc-Maçonnerie aspire à la *Liberté* par la *Vérité*, à l'*Égalité* par la *Justice*, à la *Fraternité* par le *Dévouement* sincère à tous les hommes.

Cette institution est assise à jamais sur la pierre ferme, et les canons de la papauté, crevassés aujourd'hui de toutes parts, ne sauraient lui faire, en aucun de ses bastions, la moindre brèche.

En vain les papes ont-ils astreint, sous les peines les plus sévères, tout confesseur à prescrire à ses pénitents, masculins et féminins, le devoir de dénoncer à l'autorité spirituelle, et les francs-maçons, et les membres de toute autre association ayant le même but, et jusqu'aux personnes simplement soupçonnées d'appartenir à l'une ou l'autre desdites associations. Dans les pays où l'Inquisition n'était pas en vigueur, les dénonciations devaient se faire à l'évêque, ou, du moins, à son grand-vicaire, afin d'en être adressées à Rome, ainsi qu'au souverain du pays, s'il était catholique. Alors le pape et le souverain se concertaient pour étouffer dans son berceau tout essai de réforme sociale.

On n'a qu'à recourir aux infâmes archives de l'Inquisition de Rome, enfin compulsées en 1849 par le gouvernement de la République. Elles ont fourni, sur ce sujet, des millions de documents honteux. Là se sont trouvées, en nombre prodigieux, des dénonciations de confesseurs contre les libéraux.

Et l'Eglise papale a l'audace, encore aujourd'hui, de faire accroire aux populations que le secret sacramentel est inviolable, en *principe* ainsi qu'en *action!* Quel mensonge impudent! Rome, au contraire, obligeait le père à dénoncer ses fils, les fils leur père, l'épouse son mari, les sœurs leurs frères.

Voilà comment les lois de la nature étaient foulées aux pieds par la papauté! Voilà comment le prétendu secret de la *Confession* a des millions de fois été violé dans l'intérêt papal!

Tout récemment, le 20 avril 1884, Léon XIII a lancé contre la Franc-maçonnerie une diatribe interminable, indigeste, et ne cédant en rien, sous le rapport des accusations haineuses et mensongères, à celles de ses prédécesseurs éhontés.

Il la qualifie expressément d'« *association* CRI-« MINELLE *non moins pernicieuse aux intérêts du* « *christianisme qu'à ceux de la société civile.* » Il va jusqu'à formuler cette épouvantable accusation:

Les francs-maçons « promettent d'OBÉIR AVEUGLÉ-« MENT et SANS DISCUSSION aux *injonctions* des *chefs*; « de *se tenir toujours prêts*, sur la moindre notifi-« cation, sur le plus léger signe, à exécuter les *ordres* « *donnés, se vouant* d'avance, en cas contraire, aux « *traitements les plus rigoureux*, et même à *la mort.* »

Ne dirait-on pas que l'*Infaillible* ait voulu dépeindre ici les jésuites, au lieu de leurs antipodes, les francs-maçons? Toutes celles de ses expressions que j'ai soulignées sont autant d'affreux mensonges. Il n'y a pas d'OBÉISSANCE AVEUGLE au sein de la Franc-maçonnerie, et TOUT S'Y DISCUTE. Il n'y a pas de *chefs*, mais des simples présidents élus chaque année et ne pouvant faire *aucune injonction*, ni donner *aucun ordre*. On ne s'y voue absolument qu'à la bienfaisance, au progrès matériel, intellectuel et moral de l'humanité. Vos assertions, Monsieur Pecci, dit Léon XIII, ne montrent d'*Infaillibilité* chez vous que *celle* de l'*imposture* et de la *malhonnêteté!*

Le grand menteur en tiare ose ajouter:

« De fait, il n'est *pas rare* que *la peine du dernier*
« *supplice* soit infligée à ceux d'entre eux qui sont
« convaincus,soit d'avoir livré la discipline secrète de
« la société, soit d'*avoir résisté aux ordres des chefs.* »

Accusateur des honnêtes gens, où sont vos
preuves ? Montrez-nous ces cadavres de francs-
maçons égorgés par leurs frères pour les avoir tra-
his. Les assassins, les traîtres, les espions, les
étrangleurs de Juifs, les exécuteurs des hautes
œuvres papales et jésuitiques, par le fer des Ra-
vaillac, des Jacques Clément et de tant d'autres, par
le poison des Borgia, par le feu des bûchers, etc.,
oui, tous ces monstres enfantés par l'esprit du mal,
où les a-t-on trouvés si ce n'est dans vos infernaux
ateliers ? Ils opèrent dans l'ombre et le mystère au
moyen de centaines de milliers de confessionnaux
que vous savez, grâce à la bêtise humaine, entretenir
dans tous les lieux où, pour le malheur de l'humanité, vivent en parasites vos cinq cent mille séïdes !

Vous venez nous dire encore :

« Et cela se pratique *avec une telle dextérité* que,
« *la plupart du temps, l'exécuteur de ces sentences de*
« *mort échappe à la justice* établie pour veiller sur
« les crimes et pour en tirer vengeance. »

Or, pitoyable raisonneur, si ledit exécuteur n'é-
chappe que *la plupart du temps,* mais *non pas toujours,* à la justice, il est donc ainsi des cas où, manquant de la *dextérité* requise, il ne peut échapper ?
Spécifiez-nous donc ici quels sont les *exécuteurs des
sentences maçonniques de mort,* eux-mêmes *exécutés
par la justice établie,* etc ? Or, si vous ne le faites
point, tout honnête homme a le droit de s'écrier :
Honte à l'imposteur Léon XIII ! Horreur, des millions

dè fois horreur à ses mensonges répétés des millions de fois au confessionnal !

Un préjudice énorme causé, par la *Confession auriculaire*, à toute la société; c'est qu'elle la démoralisé en encourageant le vice et tous les crimes par la facilité d'un pardon, d'ailleurs illusoire et nul. Les orgueilleux, les avares, les débauchés, les envieux, les gourmands, les irascibles, les paresseux ont-ils jamais changé de vie au sortir du confessional ? Voyez ce qu'ont toujours fait et ce que font encore aujourd'hui les journalistes et les écrivains de l'Eglise papale. Ils se confessent; mais brisent-ils pour cela leur plume haineuse, insultante, antichrétienne ? Ils ne la trempent qu'avec plus d'ardeur dans le fiel de la calomnie. Léon XIII également se confesse ; or, il ment impudemment devant l'univers entier, et cherche à soulever les masses ignorantes contre la Franc-maçonnerie.

Allèguera-t-on que la *Confession auriculaire* a plus d'une fois amené la réparation de quelques torts ?

Un *vrai chrétien*, même un *simple honnête homme*, a-t-il donc besoin de se confesser pour s'amender, pour restituer s'il a fait une erreur nuisible à son prochain ? Si, dans un moment de passion, d'oubli de lui-même, il n'a pas craint de forfaire à la probité, le sentiment seul de la morale et de l'équité lui fait un devoir strict de restituer, sans y voir une question de christianisme. Et, d'ailleurs, quand le confesseur prescrit une restitution, *intégrale* ou *partielle*, est-ce, en général, pour indemniser les *personnes lésées*? Non; c'est, par-dessus tout, à *l'avantage particulier de l'Eglise*. Et, pour ne point imiter Léon XIII, accusant sans preuve, je vais vous rapporter une disposition de son prédécesseur Léon X.

Dans sa bulle « *Postquam ad apostolatûs* », Léon X donne aux confesseurs le « pouvoir d'absoudre « *les ravisseurs du bien d'autrui, de les autoriser, de « la façon la plus précise, à retenir les fruits de leurs* « USURES, RAPINES ET VOLS, EN TOUTE CONSCIENCE, « *à la condition* QU'UNE PARTIE DE CES BIENS SOIT « DONNÉE A L'ÉGLISE. »

Or, je le demande : est-ce que la *Confession auriculaire, autorisant le voleur à rester voleur*, n'est pas une institution créant de graves obstacles aux gouvernements chargés de faire observer la justice au sein de la société ? Puis, que penser d'une Eglise autorisant la continuation de l'iniquité, sous la condition d'en bénéficier elle-même ? Elle est évidemment l'apôtre du brigandage. Elle enrégimente à son profit cinq cent mille confesseurs autorisés par elle à devenir les *complices, recéleurs et copartageurs* de tous les *usuriers, brigands* et *voleurs allant à confesse*. Et voilà, citoyens, par *quelle Eglise* et par *quels hommes* sont accusés et calomniés les francs-maçons ! C'est vraiment beaucoup d'honneur, pour ceux-ci, de ne ressembler, ni de loin, ni de près, à leurs ignobles détracteurs, ou *noirs*, ou *violets*, ou *rouges*, et voire même au *blanc* qui les dirige INFAILLIBLEMENT dans l'IMPOSTURE et le VOL, témoin Léon X !

CONCLUSION

Après avoir montré que la *Confession auriculaire* est *antichrétienne, anticatholique, immorale* et *antisociale*, il reste à tirer cette conclusion, qui saute aux yeux : LADITE CONFESSION DOIT ÊTRE ABOLIE.

Or, qui donc l'abolira ?

L'Eglise, assurément, ne prendra pas l'initiative. Outre que son orgueil invétéré la porte à ne point se déjuger, à se proclamer *infaillible* en *tout* ce qu'elle a fait, la mégère aimera mieux périr que s'avouer vaincue. Elle tient à *sa Confession* du fond de ses entrailles, car elle y voit son principal moyen de dominer l'individu, la famille et les gouvernements.

Or si, d'une part, le *cléricalisme est l'ennemi;* si, d'autre part, la *Confession auriculaire* est le plus ferme appui du cléricalisme, il incombe à tous les anticléricaux, à tous les chrétiens, à tous les vrais catholiques, à tous les hommes moraux, à tous les bons patriotes voulant le bien de la société, de l'abolir dans leur famille et parmi ceux qui les entourent. Prêchons d'exemple avant tout. Nous sommes d'ailleurs grandement intéressés à propager la lumière en un sujet d'une importance aussi grave, attendu que nous profiterons de ce que nos voisins et voisines, n'allant plus à confesse, auront diminué d'autant la pernicieuse action du prêtre inquisiteur ou débauché. Que ne suis-je, ô mes chers lecteurs, riche à millions ! Je répandrais *gratuitement cinq cent mille exemplaires du présent opuscule au sein de nos trente mille communes rurales.* Ce que je ne puis faire seul, nous pouvons le faire *ensemble.* Unissez-vous dans chaque localité pour m'en demander un colis postal : cinquante exemplaires. Ils vous coûteront trente francs. *Trente francs* pour décléricaliser peut-être *trois mille cléricaux !* Pouvez-vous hésiter ? Le Christ nous dit : « *Cueille-t-on des raisins sur des épines et* « *des figues sur des ronces ? Met-on la lumière sous* « *un boisseau ? »* Lecteurs, répandons la lumière, et les ténèbres fuiront au loin. Semons de bonnes graines, et nous recueillerons d'excellents fruits.

A la page 38 du présent traité, je cité une superstition des habitants des bords du Gange et de l'Indoustan. Les Indous rapprochés de leur fleuve sacré, croient assurer leur salut en se faisant immerger dans son onde sainte au moment de la mort.

. Ceux à qui l'éloignement interdit cette immersion font amener une vache auprès de leur lit. S'ils ont à la main la queue de la vache en expirant, leur âme aussitôt s'en va droit au ciel. La queue de vache et l'absolution du prêtre ont la même valeur.

Maris et pères, je vous donne un conseil. Prenez garde aux confessionnaux dont la grille est disposée avec art (j'en ai vu) pour entrer dans un châssis et, de la sorte, établir une large ouverture entre le rubicond visage du *pieux* confesseur et le frais minois de votre *dévôte* épouse ou de votre *ingénue* et *vertueuse* enfant nubile ! En vérité, maris et pères, vous auriez moins à redouter des eaux du Gange et de la queue de vache !

PIERRE DES PILLIERS,

Propriétaire à Grandfontaine, par Saint-Witt (Doubs).